Lehrerbildung:
IGLU und die Folgen

Schriften der Deutschen Gesellschaft
für Erziehungswissenschaft (DGfE)

Hans Merkens (Hrsg.)

Lehrerbildung:
IGLU und die Folgen

Leske + Budrich, Opladen 2004

Gedruckt auf säurefreiem und alterungsbeständigem Papier.

Die Deutsche Bibliothek – CIP-Einheitsaufnahme
Ein Titeldatensatz für die Publikation ist bei Der Deutschen Bibliothek erhältlich

ISBN 3-8100-4225-0

© 2004 Leske + Budrich, Opladen

Das Werk einschließlich aller seiner Teile ist urheberrechtlich geschützt. Jede Verwertung außerhalb der engen Grenzen des Urheberrechtsgesetzes ist ohne Zustimmung des Verlages unzulässig und strafbar. Das gilt insbesondere für Vervielfältigungen, Übersetzungen, Mikroverfilmungen und die Einspeicherung und Verarbeitung in elektronischen Systemen.

Druck: DruckPartner Rübelmann, Hemsbach
Printed in Germany

Vorbemerkung

Die Deutsche Gesellschaft für Erziehungswissenschaft hat mit ihrer ersten Tagung zur Lehrerbildung im Oktober 2002 in Berlin und dem im Februar 2003 erschienenen Tagungsband „Lehrerbildung in der Diskussion" aktuelle Positionen in der gegenwärtigen Reformdebatte fixiert.

Nachdem nunmehr die Ergebnisse von IGLU vorliegen, in denen speziell die Leistungsfähigkeit der Grundschule dargestellt wird, hat die DGfE in einer weiteren Tagung am 22. Mai 2003 in Berlin die Diskussion über mögliche Konsequenzen eröffnet, die aus dieser Untersuchung sowohl für die Grundschullehrer als auch allgemein für die Lehrerbildung resultieren.

Im vorliegenden Band werden die Beiträge dieser Tagung mit dem Thema „Lehrerbildung II – IGLU und die Folgen" inklusive der Zusammenfassungen der Diskussionen vorgestellt.

Für die redaktionelle Bearbeitung des Bandes danke ich Frau Dr. Anne Wessel und Frau Jana Dreyer.

Hans Merkens
Berlin, im Dezember 2003

Inhalt

Vorbemerkung

Hans Merkens:
IGLU und die Folgen – Einleitende Bemerkungen 9

Renate Valtin, Wilfried Bos:
(Was) können wir aus IGLU für die Lehrerbildung lernen? 17

Manfred Prenzel:
Naturwissenschaftliche Kompetenz in der Grundschule:
Konsequenzen für den Sachunterricht und die Lehrerbildung 37

Marianne Krüger-Potratz:
Zusammenfassung der Diskussion (1) 51

Friederike Heinzel:
Was bedeutet IGLU für Konzepte der Lehrerbildung
im Grundschulbereich? 53

Kornelia Möller:
Naturwissenschaftliches Lernen in der Grundschule –
Welche Kompetenzen brauchen Grundschullehrkräfte? 65

Joachim Kahlert:
Lehrerbildung zwischen lehrbarem Wissen und erlernbarem
Können – Eine Interpretation von Kommunikationsstörungen
und ein Vorschlag 85

Maria Fölling-Albers:
Zusammenfassung der Diskussion (2) 103

Ursula Neumann:
Die Berücksichtigung sprachlicher und kultureller Heterogenität
in der Lehrerbildung für die Grundschule 105

Kurt Czerwenka, Karin Nölle:
Kompetenzorientierung in der Ausbildung von Grundschullehrerinnen
und Grundschullehrern 121

Hans Merkens:
IGLU und die Folgen – Quo vadis Lehrerbildung
für das Lehramt an Grundschulen? 135

Verzeichnis der Autoren 139

Hans Merkens

IGLU und die Folgen – Einleitende Bemerkungen

Nachdem sich Deutschland lange Zeit nicht an internationalen Vergleichsuntersuchungen beteiligt hatte, mit denen Erfolg bzw. Misserfolg im Bildungsbereich gemessen und im Vergleich der teilnehmenden Länder bewertet worden sind, gibt es in den letzten Jahren eine Konjunktur solcher Studien, bei denen auch Deutschland teilnimmt (vgl. z.b. Baumert, Bos, Lehmann 2000; Deutsches PISA Konsortium 2001; Bos et al. 2003). Das Ziel dieser Studien ist es, Beobachtungssysteme im Bildungssystem zu etablieren, die internationale Vergleiche auf der einen Seite und intranationale Vergleiche – zumindest in Deutschland (Deutsches PISA Konsortium 2001) – auf der anderen Seite ermöglichen sollen. Vergleichsarbeiten diesen Typs setzen faire Instrumente voraus, d.h. es können nur solche Merkmale einbezogen werden, von denen man begründet annehmen kann, dass sie in allen Ländern, die an der Untersuchung teilnehmen, entweder eine hohe Auftretenswahrscheinlichkeit haben oder dass es sich um Merkmale handelt, die für Gesellschaften auf einem bestimmten Entwicklungsstand als notwendig angesehen werden können. Die Untersuchungen fühlen sich in der Regel dem zweiten Prinzip mehr verpflichtet als dem ersten. Es gibt dennoch ein Bemühen zu dokumentieren, dass auch dem ersten Kriterium Genüge getan wird (Merkens 2003). Die Grundvoraussetzung, dass im Prinzip erhoben wird, was für die Autoren zum Stand des Wissens zählt, ist nicht ohne Auswirkungen auf die Ausgestaltung der Untersuchungen geblieben, in die spezifische Inhalte der Curricula in den einzelnen Ländern nicht einbezogen werden können. Daher resultiert z.B., dass vor allem cross-curriculare Kompetenzen – Lesekompetenz – und Fächer in die Untersuchung einbezogen werden können, von denen man annimmt, dass sie in allen Industrienationen von Bedeutung sind, wie das beispielsweise bei Mathematik und den Naturwissenschaften der Fall ist. Aus diesem Ansatz resultiert im Grundsatz die Notwendigkeit, nationale Ergänzungsstudien vorzusehen, wenn man in den einzelnen Ländern genauere Hinweise über das Leistungsniveau der jeweiligen Kinder und Jugendlichen erhalten will.

Neuerdings haben Vergleichsstudien auch eine Wirkung. Das ist nicht immer der Fall gewesen. So sind die Ergebnisse von „Education at a Glance" in Deutschland im Wesentlichen nicht beachtet worden, obwohl es sich um eine Veröffentlichung handelt, die von der OECD in regelmäßigen Abständen veröffentlicht wird (OECD 2001). Bei den Wirkungen ist die Hauptfrage, die sich auch international auf der Basis der Untersuchungen stellt und die sich im Titel des Bandes wiederholt, die Frage nach den Folgen. Presse, Politiker, aber auch sonstige Interessierte haben zahlreiche Folgen aus den Vorgängerstudien von IGLU (Bos et al. 2003), die in den vergangenen Jahren bereits für Aufsehen in Deutschland gesorgt hatten, TIMSS (Baumert, Bos, Lehmann 2000) und PISA, formuliert (Deutsches PISA Konsortium 2001, 2002). Sie haben dabei in der Regel übersehen, dass die Studien vom Typ her Beobachtungen anhand einzelner Indikatoren mitteilen, die ein Schlaglicht auf die Situation des Bildungssystems werfen, dass sie es aber in der Regel nicht gestatten, kausale Begründungen für festgestellte Ergebnisse zu liefern. Kausale Zusammenhänge, die Ursachen und Wirkungen zusammenführen, können mit Untersuchungen diesen Typs allein schon deshalb nicht geklärt werden, weil es sich um Erhebungen handelt, die als Querschnittstudien angelegt sind.

Wenn im Titel des Bandes die Frage nach den Folgen gestellt wird, dann ist damit trotz dieser Einschränkung verbunden, dass die Untersuchungen es jenseits der Begrenzungen, welche ich bereits geschildert habe, gestatten, Schwachstellen in den nationalen Bildungssystemen zu identifizieren. Das ist der Nutzen, den man vor allem aus Studien diesen Typs ziehen kann. Ein Beispiel hierfür ist der Umgang mit den Ergebnissen der PISA-Studie in Japan. Im japanischen Bildungssystem war jenseits aller Erfolge bei den Tests in Mathematik und in den Naturwissenschaften festgestellt worden, dass es eine relative Schwäche bei der Lesekompetenz gegeben hat. Außerdem wurden Schwächen bei der sozialen Kompetenz festgestellt. Weiterhin wurde die bisherige Uniformität der Bildung beklagt und darauf verwiesen, dass die Motivation der Schuljugendlichen nicht hinreichend sowie ihre Eigenaktivität im Unterricht nicht hoch genug seien. Zusätzlich hat sich erwiesen, dass angesichts der Schwächen der japanischen Wirtschaft die bisherigen Zahlungen für das Bildungssystem nicht mehr geleistet werden konnten.

Als Reaktion wahrscheinlich vor allem auf die zuletzt genannte Entwicklung sind die jährlichen Zahlen an Unterrichtsstunden drastisch gesenkt worden, der Unterricht an den Samstagen wird nicht mehr erteilt. Außerdem wird vermehrt die Forderung erhoben, dass sich die Eltern inhaltlich an der Erziehung ihrer Kinder beteiligen sollen. Für die Schulen selbst wird eine höhere Autonomie angestrebt, das Bildungssystem insgesamt soll flexibilisiert werden, und es zeichnet sich der Wille zur Deregulierung ab. Das sind Reaktionen, die sich in Deutschland ganz ähnlich zeigen, obwohl es eine deutliche Differenz zwischen beiden Ländern beim Abschneiden in den Tests gibt. Das Beispiel Japan wird hier angeführt, weil es demonstriert, dass die Schlussfolgerungen, welche aus den Ergebnissen in den verschiedenen Ländern gezogen werden, eine gewisse Beliebigkeit gegenüber den Ergebnissen aufweisen, denn die Differenzen zwischen Deutschland und Japan sind so groß, dass es wenig plausibel erscheint, in beiden Ländern im Anschluss an PISA ähnliche Maßnahmen zu ergreifen.

Am Fall Japan lässt sich auch noch lernen, dass das, was in der Außensicht eine der Stärken des Systems ausmacht, verändert wird. Als Grundlage hierzu dienen allerdings nicht nur die Ergebnisse von PISA. Vielmehr werden weitere Studien herangezogen, denen Indikatoren für das Ungenügen des bisherigen Systems entnommen werden konnten. Es wird vor allem darauf verzichtet, als Begründung auf Entwicklungen in anderen Ländern zu verweisen. Vielmehr reicht der Blick auf die Schwächen im eigenen System aus, um Reformen zu begründen, die wiederum in kontroversen Diskussionen zwischen Ministerium und Wissenschaft entwickelt werden. Weiterhin wird ein neues Monitoringsystem eingerichtet, um beobachten zu können, wie die weitere Entwicklung verläuft.

Vor diesem Hintergrund des Umgangs mit den Ergebnissen der PISA-Studie in Japan lässt sich fragen, was für Folgerungen man aus IGLU ziehen kann. Dabei lassen sich für die möglichen Folgen unterschiedliche Ebenen unterscheiden, von denen im Rahmen dieses Bandes vor allem diejenigen für die Ausbildung der Lehrer und Lehrerinnen interessieren. Das ist ein Punkt, auf den ich später nochmals zurückkommen werde.

Erstens ist bemerkenswert, dass die Kinder aus Deutschland bei IGLU besser abgeschnitten haben, als das bei PISA der Fall gewesen ist. Daraus resultiert als erstes die Frage, ob Vergleiche zwischen diesen Studien zulässig sind. Die Autoren von IGLU machen eine wichtige Einschränkung in Bezug auf die Vergleichbarkeit der Ergebnisse: Es sind unterschiedliche Tests eingesetzt worden, die auch unterschiedliche Merkmale gemessen haben, obwohl in beiden Studien die Lesekompetenz gemessen worden ist. Daneben ist eine weitere Differenz nicht unwichtig: Während bei PISA ein bestimmter Altersjahrgang in die Stichprobe einbezogen worden ist, basieren die Erhebungen von IGLU auf einer Klassenstufe. Ein Ergebnis bei PISA war beispielsweise, dass die deutschen Kinder im internationalen Vergleich erst relativ spät eingeschult werden und häufiger sitzen bleiben. Das führt im Ergebnis dazu, dass sie in einer bestimmten Altergruppe erstens weniger Unterrichtsstunden absolviert haben, unabhängig davon, dass in Deutschland weniger Unterrichtszeit zur Verfügung steht als in vielen anderen Ländern, und zweitens dass sie im Durchschnitt im Stoff nicht so weit vorangeschritten sein können wie Kinder aus anderen Ländern, in denen in einem früheren Alter eingeschult wird und seltener eine Klasse wiederholt werden muss. So ist auch eine der Konsequenzen aus PISA, dass in Deutschland nunmehr verstärkt über eine frühere Einschulung nachgedacht wird.

Bei IGLU gilt für die Stichprobe festzuhalten: Unabhängig vom Alter der Kinder wird die vierte Klassenstufe in die Untersuchung einbezogen. Das führt bezüglich des Alters dazu, dass ein späterer Einschulungstermin nicht mehr die gleiche Bedeutung haben muss. Allein schon wegen dieser Differenzen, die ich bisher benannt habe, ist der Vergleich zwischen den Rangplätzen der deutschen Schulkinder bzw. Schuljugendlichen bei IGLU und PISA nur schwer zu realisieren und sollte lieber unterbleiben.

Zweitens: PISA hat im Ergebnis zu einem gewissen Tourismus geführt, indem man durch Besuche in anderen Ländern herauszufinden versucht hat, was in den Bildungssystemen, aus denen die Kinder besser abschnitten, anders ist und sich bemüht hat, gegebenenfalls von den erfolgreichen Ländern zu lernen. Das ist eine Methode, die im Ergebnis wenig erfolgversprechend ist, weil Bildungssysteme komplexe moderne Systeme sind, die innerhalb eines ebenfalls komplexen gesellschaftlichen und wirtschaftlichen Umfeldes (Luhmann 2002) prozessieren. Die Verknüpfungen, die gezogen werden, erscheinen in der Mehrzahl willkürlich und wenig hilfreich zu sein. So haben die Japaner jenseits aller Erfolge bei den Tests gegenwärtig eine schwere Krise ihres Wirtschaftssystems zu bestehen, und in Deutschland ist die krisenhafte Situation des Wirtschaftssystems ebenfalls gegeben, obwohl wir bei PISA schlecht abgeschnitten haben. In Schweden und Finnland besuchen wiederum erhebliche Anteile eines Altersjahrgangs in den ersten sechs Jahren einklassige Gesamtschulen (Niemi, Piri 1998). Auf diesem Umstand wird nicht verwiesen, wenn die Erfolge dieser Länder bei internationalen Vergleichsuntersuchungen geschildert werden.

Drittens: Erfolgversprechender ist es sicherlich, wenn man in den Ergebnissen nach allgemeinen strukturellen Merkmalen oder Merkmalen des Unterrichts sucht, die vielleicht Hinweise auf Verbesserungsmöglichkeiten geben. Dieser Umgang bietet sich auch deshalb an, weil es sich um Beobachtungssysteme handelt. So kann man der Arbeitslosenstatistik keine Informationen dazu entnehmen, welche Maßnahmen im Wirtschaftssystem erforderlich sind, damit die Arbeitslosigkeit sinkt, man kann allenfalls strukturelle Schwächen identifizieren, die man anschließend zu beheben versuchen kann, ohne dass man sicher sein kann, dass es zu einer tatsächlichen Absenkung der Arbeitslosenzahlen und einer Verbesserung der gesamtwirtschaftlichen Situation kommen wird. Diese Möglichkeit, nach Schwächen innerhalb des Bildungssystems zu suchen, eröffnet auch die IGLU-Studie.

Um Schwächen zu identifizieren, bieten sich drei verschiedene Vorgehensweisen an: Zuerst kann man nach generellen Schwächen suchen. Dann kann man in einem zweiten Schritt überprüfen, ob bestimmte Schwächen in Deutschland im internationalen Vergleich stärker ausgeprägt sind. Außerdem kann man überprüfen, ob sich bestimmte Schwächen innerhalb des deutschen Datensatzes identifizieren lassen.

International ist beispielsweise von Interesse, dass sich ein Kindergartenbesuch generell positiv auf die Lesekompetenz der getesteten Kinder auswirkt. Dieser Zusammenhang lässt sich in allen Ländern nachweisen (Bos et al. 2003, 128). Das Ergebnis ist insofern von Interesse, als es nicht nur auftritt, wenn es durch bestimmte andere Merkmale moderiert wird, sondern generell nachgewiesen werden kann. Ein weiteres Resultat sei hier erwähnt: Es gibt ebenso einen Zusammenhang zwischen der Dienstklasse, der die Eltern zugerechnet werden – die Dienstklasse wird als Maß des Sozialstatus eingesetzt –, und der Dauer des Besuchs in vorschulischen Einrichtungen. Dabei gibt es über alle Dienstklassen hinweg wiederum das Resultat, dass Kinder, die vorschulische Einrichtungen besucht haben, eine höhere Lesekompetenz aufweisen als die, die nicht in diesen Einrichtungen gewesen sind (Bos et al. 2003, 129).

Ergebnisse diesen Typs legen die Hypothese nahe, dass die Lesekompetenz gesteigert werden kann, wenn der Besuch der vorschulischen Einrichtungen für alle Kinder verpflichtend gemacht wird. Auch im Falle von IGLU wird nämlich mit den dargestellten Ergebnissen kein Kausalzusammenhang nachgewiesen: Die Schwächen bestimmter Kinder im Vergleich zu anderen lassen nur vermuten, dass diese Schwächen durch ein bestimmtes Merkmal verursacht werden, welches als Differenzmaß verwendet worden ist. Will man im Anschluss an solche Versuche, einen Nachweis für die Behauptung führen, dann ist es erforderlich, dass Längsschnittuntersuchungen durchgeführt werden.

An Längsschnittuntersuchungen mangelt es bisher innerhalb des Bildungssystems weitgehend. Wenn sie durchgeführt werden, basieren sie meistens auf selektiven Stichproben, weil z.B. der Datenschutz in vielen Fällen ein anderes Design nicht zulässt. Das ist ein Manko der bisherigen Untersuchungen. Es werden Untersuchungen benötigt, an deren Ergebnissen ein öffentliches Interesse besteht, um diese Einschränkung zu überwinden. Es ist jedenfalls wichtig zu beachten, dass nur mit Längsschnittuntersuchungen Kausalbehauptungen überprüft werden können. Hier wird es in den nächsten Jahren vermehrter Anstrengungen bedürfen, um neben den Monitoringsystemen, die wichtige Informationen bieten, die eingeleiteten Veränderungen in ihrer Wirksamkeit zu untersuchen. Dabei ergibt sich allerdings eine neue Herausforderung: Wir benötigen einen neuen Typ der Untersuchung, weil man nicht zulassen kann, dass Kinder, nur weil wissenschaftlich saubere Ergebnisse angestrebt werden, über längere Zeit unter Bedingungen an Bildung partizipieren, bei denen man schnell feststellen kann, dass sie den Anforderungen nicht genügen. Wir werden daher verstärkte Anstrengungen unternehmen müssen, um einen Typ von Untersuchung zu kreieren, der vielleicht in der Struktur relativ nahe zur Evaluationsforschung platziert werden kann, die häufig unter ähnlichen Bedingungen stattfindet, wie ich sie hier für die neuen Längsschnittuntersuchungen geschildert habe. In Berlin führen wir gegenwärtig eine Untersuchung durch, die in die angegebene Richtung verweist. Im Auftrag des Senators für Schule, Jugend und Sport gehen wir in 59 Klassen, in denen Kinder mit Migrationshintergrund lernen, in einer auf vier Jahre angelegten Untersuchung der Frage nach, wie diese Kinder beim

Spracherwerb in der Grundschule gefördert werden können (Zwischenbericht 2003).

Es ergibt sich aber auch eine weitere Notwendigkeit für ergänzende Untersuchungen, die man dahin gehend charakterisieren kann, dass neben der Überprüfung des *Allgemeinen*, wie es mit den vergleichenden Beobachtungssystemen erfasst wird, vermehrt das *Besondere* von Bildungssystemen, aber auch von einzelnen Schulen, hervortreten können muss, wenn man Bildungssysteme untersucht. Erst auf diese Weise wird es möglich, dass z.B. die kulturelle Vielfalt als ein Aspekt einbezogen werden kann, dem in Zukunft mehr Bedeutung gegeben werden muss. Man muss auch Heterogenität als eine Option von Bildungssystemen anerkennen, wenn die jeweilige Kultur in einem Land als ein bestimmter Wert angesehen wird. Neben den Untersuchungen, die dem Etic-Ansatz verpflichtet sind, das sind die quantitativen internationalen Vergleichsstudien vom Ansatz her, benötigen wir daher ebenso Studien, die dem Emic-Ansatz folgen, d.h. das Besondere eines Landes als Gegenstand der Untersuchung wählen (Merkens 1999; Brislin 1986). Man kann zwar davon ausgehen, dass ein Versuch in diese Richtung bei PISA und IGLU mit den nationalen Ergänzungsstudien, die in Deutschland durchgeführt worden sind, gestartet worden ist. Dennoch bleibt die generelle Forderung bestehen, solche Untersuchungen verstärkt einzusetzen. Das kann über den Einbezug anderer Fächer geschehen; für Deutsch und Englisch auf der Sekundarstufe I läuft das entsprechende Projekt bereits, ein nationales Monitoringsystem zu entwickeln. Die geplanten nationalen Standardarbeiten weisen ebenso in diese Richtung, es bedarf hier aber sicherlich noch vermehrter Anstrengungen (Bundesministerium für Bildung und Forschung 2003).

Eine weitere Folge auch von PISA ist das Erfordernis, zukünftig mit den Informationen aus Beobachtungssystemen umgehen zu können. Ergänzend wird es zunehmend wichtiger, für Schulen und Klassen Rückmeldesysteme zu entwerfen, die vor Ort wichtige Informationen für die Steuerung des Unterrichts und der Prozesse im Unterricht zur Verfügung stellen. Hier besteht ein erheblicher Entwicklungsrückstand im Vergleich zu den Niederlanden, die solche Systeme mit Erfolg bereits einsetzen.

Die bisherigen Ausführungen belegen, dass es in der Folge der begonnenen Untersuchungen weiterer Untersuchungen bedarf. Das ist aber nicht das Thema der folgenden Aufsätze. Vielmehr geht es darum, in die Überlegungen einzubeziehen, ob sich auch Folgerungen für die Lehrerbildung ergeben. TIMSS und PISA haben bereits zu erheblichen Veränderungen im Bereich der Akzeptanz von Bildungsforschung geführt, weil eine der Überlegungen darin bestanden hat, dass der Unterricht selbst Veränderungen unterzogen werden müsse, wenn die Erfolge der Schuljugendlichen signifikant verbessert werden sollen. Ähnliche Tendenzen lassen sich gegenwärtig in der auf Grundschule fokussierten Forschung im Rahmen des Schwerpunktprogramms Bildungsforschung der DFG beobachten, wenn man die Antragsgruppen und deren Vorbereitungen betrachtet. Neben diesen Forschungsorientierungen lässt sich ebenso eine Umgestaltung der Lehrerbildung in Richtung BA/MA beobachten. Zu fragen ist dann, ob sich zeigen lässt, an welchen Punkten die Lehrerbildung für die Lehrkräfte an Grundschulen sich deutlich verändern müsste, damit den Schwächen, die sich bei IGLU identifizieren lassen, im Unterricht der Schule besser begegnet werden kann.

Das mit IGLU erstellte Monitoringsystem wird also aus dieser Perspektive dahin gehend von Interesse sein, wie weit sich Schwachstellen identifizieren lassen, die die Lehrerbildung betreffen. Zu diesem Zweck sind in diesem Band einerseits Arbeiten von Experten enthalten, in denen die wichtigen Daten von IGLU vorgestellt werden. Weiterhin gibt es Stellungnahmen von Experten, die für die Grundschullehrerbildung kompetent sind. Nicht zuletzt geht es darum, aus allgemein schulpädagogischer Sicht einen Blick auf Erfordernisse zu werfen, die sich für die zukünftige Lehrerbildung herauskristallisieren. Dabei ist eine der Gruppen von Kindern, die ein besonderes Interesse verdienen, die der Kinder mit Migrationshintergrund. Deshalb ist hierzu ein eigener Beitrag aufgenommen worden. Die DGfE setzt mit diesem Band ihr Bemühen fort, dem Thema der Neuordnung und Umstrukturierung der Lehrerbildung die Aufmerksamkeit zu widmen, die dem Thema zukommt.

Literatur

Baumert, J./Bos, W./Lehmann, R. (Hrsg.) (2000): Dritte Internationale Mathematik- und Naturwissenschaftsstudie, Mathematische und naturwissenschaftliche Bildung am Ende der Schullaufbahn. Opladen.

Bos, W./Lankes, E.-M./Prenzel, M./Schwippert, K./Walther, G./Valtin, R. (Hrsg.) (2003): Erste Ergebnisse aus IGLU-Schülerleistungen am Ende der vierten Jahrgangsstufe im internationalen Vergleich. Münster.

Brislin, G. (1986): The Wording and Translation of Research Intruments. In: Lonner & Berry (Eds.): Field Methods in Cross Cultural Research. Beverly Hills, 137-164.

Bundesministerium für Bildung und Forschung (Hrsg.) (2003): Expertise zur Entwicklung nationaler Bildungsstandards. Bonn.

Deutsches PISA-Konsortium (Hrsg.) (2001): PISA 2000, Basiskompetenzen von Schülerinnen und Schülern im internationalen Vergleich. Opladen.

Deutsches PISA-Konsortium (Hrsg.) (2002): PISA 2000 – Die Länder der Bundesrepublik Deutschland im Vergleich. Opladen.

Luhmann, N. (2002): Das Erziehungssystem der Gesellschaft. Herausgegeben von D. Lenzen, stw. 1993. Frankfurt/M.

Merkens, H. (1999): Jugendforschung aktuell: Schuljugendliche in beiden Teilen Berlins seit der Wende, Reaktionen auf den sozialen Wandel. Hohengehren.

Merkens, H. (2003): PISA – Erfolg als Kombination von Vermarktung und wissenschaftlicher Redlichkeit. In: Soziologische Revue, 26. Jg, 183-194.

Merkens, H./Schründer-Lenzen, A./Mücke, St./Gelfort, K./Heintze, A./Limbird, Ch. (2003): Zwischenbericht zum Projekt „Schriftspracherwerb von Grundschulkin-

dern nichtdeutscher Herkunft". Manuskript, FU Berlin, Empirische Erziehungswissenschaft. Berlin.
Niemi, E./Piri R. (1998): Kleine Gesamtschulen in Finnland. In: D. Fickermann, H. Weishaupt, P. Zedler (Hrsg.): Kleine Grundschulen in Europa. Berichte aus 11 europäischen Ländern. Weinheim, 65-82.
OECD (2001): Bildung auf einen Blick, Ausbildung und Kompetenzen. Paris.

Renate Valtin, Wilfried Bos

(Was) können wir aus IGLU für die Lehrerbildung lernen?

1. Einleitung und Vorbemerkung

Noch vor der Veröffentlichung der Ergebnisse aus IGLU konnte man in der Presse lesen, dass IGLU- und PISA-Ergebnisse in keiner Weise miteinander vergleichbar seien. Die längeren und detaillierteren Ausführungen der IGLU-Autoren zu diesen Vergleichen (Bos u.a., 2003) wurden dabei geflissentlich übergangen. An sich sollten Ergebnisse internationaler Schulleistungsuntersuchungen in erster Linie in Bezug auf die untersuchte Population interpretiert werden. Da aber aus der PISA Studie – es wurden 15-Jährige untersucht – relativ klare Folgerungen zumeist in Schuldzuweisungen in Bezug auf den Vorschul- und Grundschulbereich gezogen wurden, die Forderung nach einer grundlegenden Reform der Sekundarstufe aber bisher kaum thematisiert wurde, muss das komplexe Verhältnis von IGLU zu PISA doch noch einmal, wenn an dieser Stelle auch nur kurz, skizziert werden. Im Folgenden sollen deswegen einige wichtige Ergebnisse des internationalen Leistungsvergleiches unter der Perspektive einer zwar eingeschränkten, aber doch in wichtigen Bereichen möglichen Vergleichbarkeit dargestellt werden, bevor auf den direkten Bezug zur Lehrerbildung eingegangen wird. Aus Raumgründen beschränken wir uns dabei auf die Darstellung der Gesamtskala Leseverständnis und verzichten auf die Detailanalysen zum Leseverständnis literarischer Texte und von Informationstexten, zu den wissensbasierten und textbasierten Leseverständnisdimensionen sowie den Leistungen in Mathematik und dem naturwissenschaftlichen Aspekt des Sachunterrichtes, die im Wesentlichen nicht anders ausfallen.

2. Erste Ergebnisse aus IGLU im internationalen Vergleich

An IGLU haben insgesamt 35 Länder teilgenommen. Die Ausschöpfungsgrade der Zielpopulation waren für einen internationalen Vergleich zufriedenstellend, mit Ausnahme von Israel, das in den deutschen Analysen deswegen nicht berücksichtigt wurde. Da in den verbleibenden 34 Ländern eine beträchtliche Bandbreite (M = 500, SD = 100) von Schweden mit 561 Punkten bis hin zu Belize mit 327 Punkten anzutreffen war, stellte sich die Frage, welche Länder für einen internationalen Vergleich aus deutscher Perspektive vorrangig herangezogen werden sollten. Als eine erste Vergleichsgruppe wurden die teilnehmenden Länder der Europäischen Union (Vergleichsgruppe eins, VG 1) festgelegt. Wie aus Tabelle 1 deutlich wird, sind die sechs bzw. sieben an IGLU teilnehmenden Länder der Europäischen Union zumindest in der PISA-Population mit den 14 an PISA teilnehmenden Ländern der Europäischen Union vergleichbar.

Tab. 1: PISA-Ergebnisse der teilnehmenden EU-Länder

an PISA beteiligte EU-Länder	Mittelwert	an PISA und IGLU beteiligte EU-Länder	Mittelwert
Belgien	507		
Dänemark	497		
Deutschland	484	Deutschland	484
Finnland	546		
Frankreich	505	Frankreich	505
Großbritannien	523	Großbritannien*	523
Griechenland	474	Griechenland	474
Irland	527		
Italien	487	Italien	487
Luxemburg	441		
Österreich	507		
Portugal	470		
Schweden	516	Schweden	516
Spanien	493		
PISA-Mittelwert = 498		PISA-Mittelwert = 498	

IEA: Progress in International Reading Literacy Study   © IGLU-Germany

* An IGLU haben nur England und Schottland teilgenommen.

Die Ergebnisse der deutschen Kinder im Leseverständnis von IGLU liegen in diesem europäischen Vergleich der VG 1 ungefähr gleichauf mit Italien in einem mittleren Bereich. Schottland, Frankreich und Griechenland schneiden signifikant schlechter ab, Schweden, die Niederlande und England signifikant besser (vgl. Abbildung 1).

Als weitere Vergleichgruppe wurden die relevanten teilnehmenden Länder aus der OECD herangezogen. Diese dreizehn bzw. vierzehn an IGLU teilnehmenden OECD-Länder entsprechen, wie Tabelle 2 zeigt, zumindest in der PISA-Population den teilnehmenden 27 Ländern aus der OECD. Wenn man so will, haben an IGLU eher die „schwereren" OECD Länder – zumindest auf Ebene der 15-Jährigen – teilgenommen.

Abb. 1: Testleistungen der Schülerinnen und Schüler der Vergleichsgruppe 1 Gesamtskala Lesen

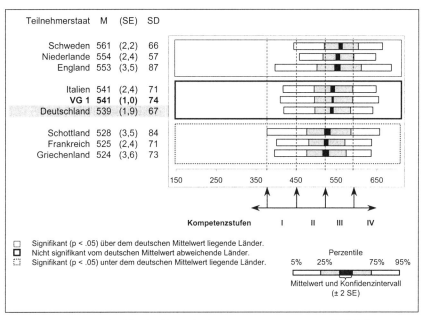

IEA: Progress in International Reading Literacy Study   © IGLU-Germany

Tab. 2: PISA-Ergebnisse der teilnehmenden OECD-Länder

an PISA beteiligte OECD-Länder	Mittelwert	an PISA und IGLU beteiligte OECD-Länder	Mittelwert
Australien	528		
Belgien	507		
Dänemark	497		
Deutschland	484	Deutschland	484
Finnland	546		
Frankreich	505	Frankreich	505
Großbritannien	523	Großbritannien*	523
Griechenland	474	Griechenland	474
Irland	527		
Island	507	Island	507
Italien	487	Italien	487
Japan	522		
Kanada	534	Kanada	534
Korea	525		
Luxemburg	441		
Mexiko	422		

an PISA beteiligte OECD-Länder	Mittelwert	an PISA und IGLU beteiligte OECD-Länder	Mittelwert
Neuseeland	529	Neuseeland	529
Norwegen	505	Norwegen	505
Österreich	507		
Polen	479		
Portugal	470		
Schweden	516	Schweden	516
Schweiz	494		
Spanien	493		
Tschechische Republik	492	Tschechische Republik	492
Ungarn	480	Ungarn	480
USA	504	USA	504
PISA-Mittelwert = 500		PISA-Mittelwert = 503	

IEA: Progress in International Reading Literacy Study © IGLU-Germany
* An IGLU haben nur England und Schottland teilgenommen.

Um noch weitere relevante Länder in den internationalen Vergleich mit einzubeziehen, wurden die an IGLU teilnehmenden Länder, die bis zum Jahr 2007 Vollmitglieder der Europäischen Union werden, näher betrachtet. Aus Tabelle 3 wird deutlich, dass die an IGLU teilnehmenden OECD-Länder und die EU-Beitrittsländer sowohl bezüglich der mittleren Testleistung als auch der Homogenität bzw. Heterogenität der Schülerleistungen sehr gut miteinander vergleichbar sind. Entsprechend wurden die an IGLU teilnehmenden OECD-Länder und die an IGLU teilnehmenden EU-Beitrittsländer zur Vergleichsgruppe zwei (VG 2) zusammengefasst (vgl. Abb. 2).

Wie aus Abbildung 2 hervorgeht, liegen die deutschen Schülerleistungen signifikant über dem Mittelwert dieser Vergleichsgruppe. Signifikant über dem deutschen Mittelwert auf der Gesamtskala Lesen bleiben Schweden, die Niederlande und England. Vergleicht man die vierzehn Länder, die sowohl an PISA als auch an IGLU teilgenommen haben, direkt miteinander (vgl. Tabelle 3), zeigt sich, dass die deutschen Schülerleistungen im Leseverständnis bei der IGLU-Population über dem Mittelwert dieser 14 Länder und bei der PISA-Population unter dem Mittelwert dieser 14 Länder liegen. Bei IGLU schneiden acht dieser 14 Länder schlechter ab als Deutschland, bei PISA sind es nur vier von den 14 teilnehmenden Ländern, die schlechter abschneiden (Tabelle 3).

Insgesamt gelingt es der Grundschule in Deutschland, die Kinder im Leseverständnis im internationalen Vergleich auf die Ebene des oberen Leistungsdrittels zu bringen. Nur drei europäische Länder schneiden besser ab. Darüber hinaus gelingt es der Grundschule, die Leistungsdifferenzen im internationalen Vergleich relativ homogen zu halten, nur sieben von 34 Ländern gelingt dies geringfügig besser. Am Ende der Sekundarstufe I findet sich dagegen kein an PISA teilnehmendes Land, dass eine größere Leistungsheterogenität aufweist als Deutschland.

Abb. 2: Testleistungen der Schülerinnen und Schüler in der Vergleichsgruppe 2 Gesamtskala Lesen

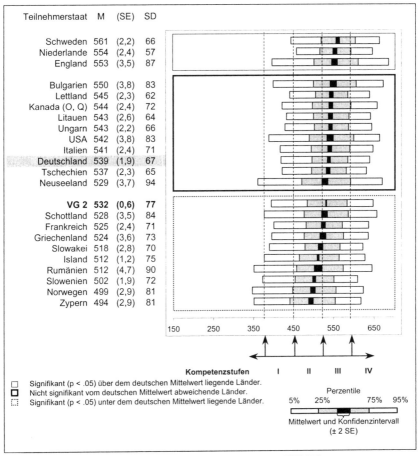

IEA: Progress in International Reading Literacy Study © IGLU-Germany

Die Ergebnisse aus PISA und IGLU können natürlich nicht kausal aufeinander bezogen werden, denn ohne eine längsschnittlich angelegte Untersuchung ist dies nicht möglich. Immerhin legen diese relativ „zeitgleich auftretenden Phänomene" jedoch die Vermutung nahe, dass das schlechte Abschneiden der deutschen Jugendlichen nicht allein aus der Grundschule abzuleiten ist, sondern dass die Sekundarstufe selbst als ein wesentlicher Verursacher dieses Abschneidens anzusehen ist. Der bereits in der TIMSS-Untersuchung festgestellte Schereneffekt zwischen der Sekundarstufe I und II (Baumert, Bos, Watermann 1999) wird hier noch einmal erweitert abgezeichnet.

Tab. 3: Leseverständnis der Länder, die an IGLU und PISA teilgenommen haben – Abweichungen vom jeweiligen deutschen Mittelwert

Teilnehmerstaat	IGLU (PISA-Länder)		PISA	
	Mittelwert	Differenz zum deutschen Mittelwert (539)	Differenz zum deutschen Mittelwert (484)	Mittelwert
Schweden	561	22	32	516
Lettland	545	6	-26	458
Kanada*	544	5	50	534
Ungarn	543	4	-4	480
USA*	542	3	20	504
Italien	541	2	3	487
Deutschland	539	-	-	484
Tschechien	537	-2	8	492
MaL*	534	-5	12	496
Neuseeland	529	-10	45	529
Russ. Föderation*	528	-11	-22	462
Frankreich	525	-14	21	505
Griechenland*	524	-15	-10	474
Island	512	-27	23	507
Norwegen	499	-40	21	505

* Mittelwert der aufgeführten Länder.

IEA: Progress in International Reading Literacy Study © IGLU-Germany

3. Rahmenbedingungen schulischer Leistungen im internationalen Vergleich

Gleichzeitig zur Pressekonferenz, auf der am 8.4.2003 die Ergebnisse von IGLU der Öffentlichkeit vorgestellt wurden, wurde in einer Pressemitteilung ein Beschluss der Kultusministerkonferenz zu den IGLU-Ergebnissen veröffentlicht. In dieser Stellungnahme der KMK wurden als Reaktion auf das recht gute Abschneiden der deutschen Grundschülerinnen und Grundschüler im Vergleich mit den „ge-PISA-ckten" Jugendlichen verschiedene Forderungen aufgestellt, u.a.: Verstärkung der Ansätze individueller Förderung, Verbesserung des Unterrichts besonders in den weiterführenden Schulen, Sicherung der Qualität von Unterricht und Schule durch verbindliche Leistungsstandards, Verbesserung der didaktischen und methodischen Kompetenzen der Lehrkräfte, Veränderungen in der Lehrplan- und der Unterrichtsgestaltung. Pointiert bedeutet dies: Schüler und Lehrer müssen besser werden, oder, wie der Berliner Schulsenator Böger es in einem unglückliche Assoziationen heraufbeschwörendem Bild ausdrückte: „Bildung geht in erster Linie über Menschen". Damit ist das Problem als ein didaktisches definiert, und daraus ergibt sich nach Terhart: „Wenn die eine Pointe vieler Leistungsstudien eine didaktische ist ..., dann richten sich alle Blicke auf den Lehrer. Er wird schnell zur Ursache des Übels erklärt – und zugleich lasten auf ihm die großen Hoffnungen" (Terhart 2003, 169). Diese didaktische Zielrichtung ist grundsätzlich richtig, aber es darf dabei nicht übersehen werden, dass auch die schulischen Rahmenbedingungen eine wichtige und entscheidende Rolle beim Zustandekommen schulischer Leistungen spielen.

Das IGLU-Rahmenmodell verweist auf die Vielfalt der Einflüsse, die auf die Schülerleistung wirken: gesellschaftliche, familiale, schulische, unterrichtliche u.v.m. (s. Abbildung 3).

Abb. 3: Rahmenmodell für den Zusammenhang zwischen Schülerleistungen und deren Bedingungen

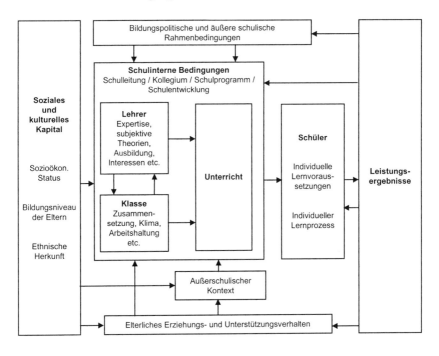

Die statistischen Analysen der IGLU-Daten im Rahmen dieses Modells sind allerdings noch nicht abgeschlossen. Deshalb verweisen wir auf die von McKinsey durchgeführte Reanalyse der PISA-Daten (www. Mckinsey-bildet.de/ 70_pisa/70_pisa.phtml[1]). Das theoretische Modell sieht drei Einflussfaktoren vor (vgl. Abbildung 4).

Abb. 4: McKinsey: Modell der Einflussfaktoren auf gute Schulbildung

1. Gegebenheiten (indirekter Einfluss, nicht veränderbar):
wohlhabende Gesamtwirtschaft

2. Systemfaktoren (indirekter Einfluss, durch Bildungspolitik gestaltbar):
gute frühkindliche Bildung
späte institutionelle Schultypdifferenzierung
hohe Eigenverantwortung der Schule
gute finanzielle Ausstattung des Primarbereichs
individuelle Schülerförderung
motivierende Anreize und hohe Eigenverantwortung der Lehrpersonen
gute finanzielle Ausstattung des Sekundarbereichs
konsequente Qualitätssicherung in den Schulen

3. Faktoren mit direktem Einfluss (teilweise veränderbar):
förderndes Elternhaus
hohes Lehrerengagement
moderne Unterrichtsmethodik
moderne Lehrmaterialien

Da in PISA keine Lehrpersonen befragt wurden, fehlt die empirische Datenbasis zu den mit Unterricht verbundenen Faktoren. Die Ergebnisse der von McKinsey vorgenommenen Reanalyse der internationalen Daten (bezogen auf 27 Länder) bestätigen die internationale Gültigkeit des theoretischen Modells in Bezug auf die übrigen im Modell aufgeführten Faktoren. Ferner wurden in Deutschland dabei Defizite festgestellt in Bezug auf folgende Systemfaktoren:

– gute frühkindliche Bildung
– individuelle Schülerförderung
– späte institutionelle Schultypdifferenzierung
– motivierende Anreize für Lehrpersonen
– konsequente Qualitätssicherung
– hohe Eigenverantwortung der Schule
– gute finanzielle Ausstattung des Primarbereichs.

---

1 Wir danken Nelson Killius von McKinsey & Company, München, für weiterführende Hinweise.

Führend ist Deutschland lediglich in der finanziellen Ausstattung des Sekundarbereichs (www. Mckinsey-bildet.de/70_pisa/70_pisa.phtml).
Es ist erwartbar, dass IGLU zu entsprechenden Ergebnissen in Bezug auf die Bedeutung von schulischen Rahmenbedingungen gelangen wird. Die bisherigen Auswertungen von IGLU verweisen im internationalen Vergleich auf besondere, zum Teil auch ungünstigere Lehr- und Lernbedingungen für deutsche Schülerinnen und Schüler. Einige der für die Lehrerbildung relevanten Daten werden im Folgenden dargestellt (ausführlich dazu Lankes u.a. 2003).

4. Schulinterne und außerschulische Rahmenbedingungen bezogen auf die Grundschule

IGLU macht deutlich, dass es einigen Ländern besser als Deutschland gelingt, schulinterne Bedingungen bereit zu stellen, welche Lehrpersonen in der Grundschule bei der Erfüllung ihres Unterrichts- und Erziehungsauftrags entlasten. Dabei handelt es sich um:

Heranziehung von Experten

In den gut abschneidenden Ländern stehen den Klassenlehrern weitere Experten zur Verfügung, die bei Leistungsproblemen der Schülerinnen und Schüler eingreifen (Beratungslehrer, Sozialpädagogen, Psychologen). Dieser Aspekt berührt auch die den Lehrpersonen zugedachte Rolle in unserem Bildungswesen: Sie sollen Allround-Experten sein (unterrichten, erziehen, beraten, beurteilen). Allerdings hilft ihnen angesichts dieser Aufgabenbürde auch eine – man muss schon sagen typisch deutsche – Entlastungsstrategie, denn die deutsche Schule reagiert auf Leistungsversagen der Schülerinnen und Schüler nicht mit verstärkten Förderbemühungen, sondern mit Auslesemechanismen, wie „Sitzen bleiben", Schulformwechsel oder Überweisung an außerschulische therapeutische Einrichtungen, wie dies beispielsweise der Fall ist bei Legasthenie, Dyskalkulie oder wie die modischen Etikette der Pathologisierung von Kindern gerade lauten.

Förderangebote an der Schule

In IGLU wurde ferner erfasst, inwieweit in den teilnehmenden Ländern schulische Förderangebote für schwache und gute Schülerinnen und Schüler existieren. Der Vergleich mit einigen unserer europäischen Nachbarn in Bezug auf die Versorgung der Schülerinnen und Schüler mit Förderangeboten an der Schule zeigt, dass vor allem für gute Leser wenig Fördermöglichkeiten bereit stehen (vgl. Abb. 5; die Angaben stammen aus dem Schulleiterfragebogen).

Abb. 5: Versorgung der Schüler mit Förderangeboten an der Schule (in %)

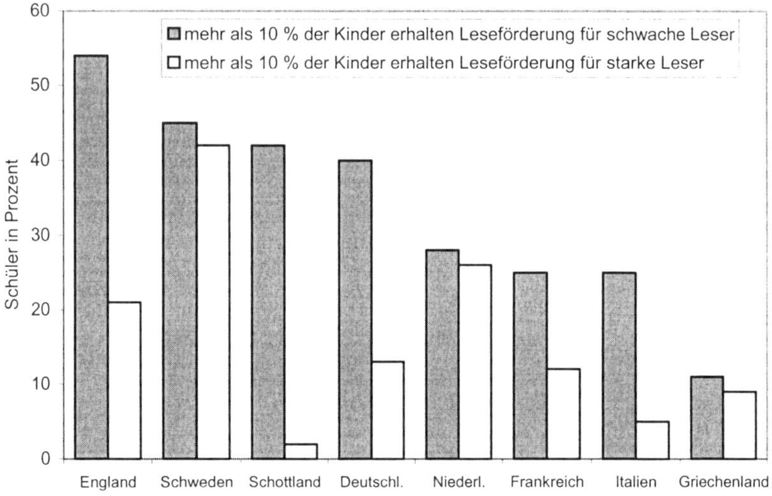

■ mehr als 10 % der Kinder erhalten Leseförderung für schwache Leser
□ mehr als 10 % der Kinder erhalten Leseförderung für starke Leser

Schüler in Prozent — England, Schweden, Schottland, Deutschl., Niederl., Frankreich, Italien, Griechenland

IEA: Progress in International Reading Literacy Study © IGLU-Germany

Schulische Ressourcen (Büchereien, Computer)

Im internationalen Vergleich stehen in deutschen Grundschulen relativ selten Schulbüchereien und Computer zur Verfügung, wobei der Computer als Medium im Deutschunterricht auch recht selten zum Einsatz kommt (s. Tab. 4, S. 27).

Der internationale Vergleich verweist auch auf die Bedeutung außerschulischer Rahmenbedingungen wie der folgenden:

Vorschulische Erziehung

In allen Ländern schneiden Kinder, die eine Vorschule oder einen Kindergarten besucht haben, besser ab (s. Abb. 6, S. 28).

Wie aus der Abbildung 6 ersichtlich, steigen in allen teilnehmenden europäischen Ländern – mit Ausnahme Schottlands – die Leseleistungen der Kinder mit der Dauer der Kindergartenzeit an. Diese Leistungszuwächse sind auch in den Fächern Mathematik, Naturwissenschaften und Orthographie zu beobachten. Dieser Effekt bleibt auch bestehen, wenn man den Sozialschicht-Effekt (Eltern aus sozial günstigen Schichten schicken ihre Kinder häufiger in eine vorschulische Institution) berücksichtigt. Es zeichnet sich demnach als wünschenswert ab, schon im Vorschulalter die Kinder gut auf die schulischen Anforderungen vorzubereiten – eine Erhöhung der Kindergartengebühren, wie sie gegenwärtig die Gemeinden aufgrund von Sparzwängen erwägen, ist sicherlich nicht der richtige Weg, um Eltern aller Sozialschichten die wünschenswerte Nutzung dieser Einrichtungen zu ermöglichen. Die IGLU-Daten weisen darauf hin, dass eine Reform der Lehrerbildung sinnvoller Weise mit einer Reform der Erzieherinnenbildung verknüpft werden sollte.

Tab. 4: Zugang zu Schul- und Klassenbibliotheken und zu einem Computer an der Schule in den Ländern der Vergleichsgruppen 1 und 2

	Schulbibliothek[3] (Schüler in %)[4]	Klassenbibliothek[5] (Schüler in %)[4]	Anzahl der Schüler (4. Kl.) pro PC[6]	Verfügbare Computer[5] (Schüler in %)[4]		
				im Klassenraum	innerhalb der Schule	mit Internetzugang
Bulgarien	83	34	25,8[1]	0	18	7
Deutschland	53	82	10,9	45	45[1]	28
England	91	82	3,9	88[1]	95	86
Frankreich	79	92	7,7	41[1]	76[1]	51
Griechenland	88	61	12,7[2]	0	17	9
Island	96[1]	46	3,2[1]	63	90	87
Italien	91	76	10,0	5[1]	60	37
Kanada	96	88	2,5	81	92	93
Lettland	99	67	11,9	2[1]	34	26
Litauen	98	82	10,3	1	20	14
Neuseeland	99	96	4,8	94	85[1]	91
Niederlande	63	84	4,1	90[1]	92[2]	47
Norwegen	98	54	3,9	58	83	71
Rumänien	96	49	20,4[2]	1[1]	17	5
Schottland	84	91	4,8	96	81[1]	60
Schweden	89	47	5,5	89	91[1]	93
Slowakei	95	64	28,3[1]	0	15	5
Slowenien	100	66	5,7	7	66	64
Tschechien	92	57	6,1	11[1]	59	43
Ungarn	95	64	6,6	3	36	26
USA	99	96	3,4	92	93	92
Zypern	62	98	16,5[1]	6	28	28
VG 1	80	77	7,4	57	70	51
VG 2	88	72	9,5	40	59	48
International	85	69	7,4	29	45	36

1 Antwortrate zwischen 70 und 84 Prozent.
2 Antwortrate zwischen 50 und 69 Prozent.
3 Die Angaben stammen aus dem Schulleiterfragebogen.
4 Die Angaben zu Schülerprozenten werden folgendermaßen gelesen: ‚83 Prozent der Schüler besuchen Schulen, an denen eine Schulbibliothek vorhanden ist'.
5 Die Angaben stammen auf dem Lehrerfragebogen.
6 Summe der Mädchen und Jungen in der vierten Klasse geteilt durch die Anzahl an PCs für die vierte Klasse.

IEA: Progress in International Reading Literacy Study © IGLU-Germany

Abb. 6: Lesekompetenz nach Dauer des Besuchs von Vorschule oder Kindergarten in der Vergleichsgruppe 1 – Gesamtskala Lesen

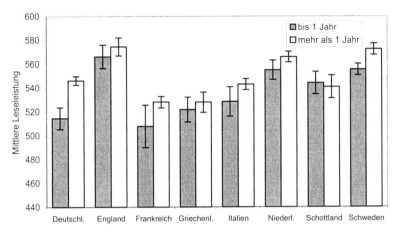

IEA: Progress in International Reading Literacy Study   © IGLU-Germany

Lehrerausbildung und Studieninhalte

Im internationalen Vergleich werden in der Grundschule etwa 70 Prozent der Schülerinnen und Schüler von Lehrpersonen unterrichtet, welche schwerpunktmäßig die Landessprache studiert haben, in Deutschland sind es nur 51 Prozent (Lankes u.a. 2003, 45). Die Schwerpunkte in Pädagogik/Lesedidaktik und Psychologie entsprechen dem internationalen Durchschnitt, in den Gebieten Leseförderung, Lesetheorien und Sprachentwicklung bei Kindern liegen die Werte unter dem internationalen Durchschnitt.

Berichtenswert ist auch, dass innerhalb der OECD die Ausbildungszeiten für Lehrpersonen im Primarbereich zwischen drei und fünf Jahren liegen, wobei Deutschland und Frankreich mit fünf Jahren die längsten Ausbildungszeiten haben.

Fortbildung der Lehrpersonen

Die Teilnahme an Fortbildungen ist in Deutschland – verglichen mit den anderen Teilnehmerländern – eher zurückhaltend: Immerhin werden 41 Prozent der Schülerinnen und Schüler von Lehrpersonen unterrichtet, die angeben, in den vergangenen zwei Jahren an keiner Fortbildung zum Leseunterricht teilgenommen zu haben (international: 28%). Die entsprechenden Zahlen für Mathematik und Sachunterricht lauten 40 und 57 Prozent. Nur 6 Prozent der Schülerinnen und Schüler haben Lehrpersonen, die angeben, Fortbildungen von mehr als 16 Stunden in den vergangenen zwei Jahren besucht zu haben (international 25%) (Lankes u.a. 2003, 46).

Unterrichtsmethoden

Gefragt wurden die Lehrpersonen nach dem Einsatz sozialer Arbeitsformen und Maßnahmen zur Differenzierung im Leseunterricht (s. Abbildungen 7 und 8).

Abb. 7: Der Einsatz sozialer Arbeitsformen im Unterricht (Schüler in %)*

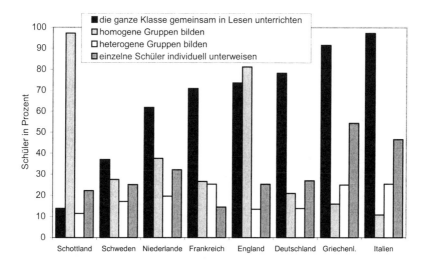

IEA: Progress in International Reading Literacy Study © IGLU-Germany

* Die Angaben stammen aus dem Lehrerfragebogen (Immer oder fast immer/oft).

Im Vergleich zeichnet sich Deutschland im Leseunterricht nicht durch einen weitgehend individuellen Unterricht mit abwechslungsreichen Sozialformen aus. Entsprechend waren die Ergebnisse zu den Medien und Methoden des Rechtschreibunterrichts, wobei berichtenswert ist, dass die Orthographieleistungen der deutschen Schülerinnen und Schüler – gemessen an den Richtlinien, denn internationale Vergleiche sind wegen der unterschiedlichen Orthographien nicht möglich – deutlich hinter den Erwartungen zurück bleiben (Valtin u.a. 2003). Die Lehreraussagen deuten auf einen lehrerzentrierten, belehrenden Rechtschreibunterricht, der ausgerichtet ist an fertigen, im Handel erhältlichen Materialien wie Sprachbüchern und Rechtschreibmaterialien.

Die Tatsache, dass zwei Drittel der Schülerinnen und Schüler im Rechtschreiben einen Unterricht erfahren, in dem mit den gleichen Übungsaufgaben und dem gleichen Material gearbeitet wird, lässt vermuten, dass eine individuelle, auf Fehlerschwerpunkte abzielende Förderung im Rechtschreibunterricht keine Selbstverständlichkeit ist. Eher selten erleben die Schülerinnen und Schüler einen Rechtschreibunterricht, der sich durch Partnerarbeit, Arbeit mit einer Lernkartei oder einem Wochenplan charakterisieren lässt und ihnen Eigenaktivität und Selbständigkeit zugesteht. Klassen, in denen Kinder diese Art von Unterricht erleben, haben einen signifikant höheren Durchschnittswert in der Rechtschreibung.

Abb. 8: Maßnahmen zur Differenzierung im Unterricht (Schüler in %)*

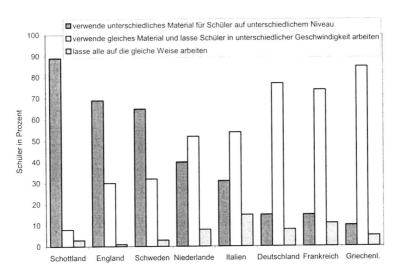

IEA: Progress in International Reading Literacy Study © IGLU-Germany

* Die Angaben stammen aus dem Lehrerfragebogen.

Zusammenfassend lässt sich Folgendes feststellen: Sofern in Deutschland schulische Angebote an Differenzierung vorhanden sind, sind sie überwiegend an den schwächeren Schülerinnen und Schülern ausgerichtet, Zusatzangebote für leistungsstärkere Schülerinnen und Schüler kommen seltener vor. Den größten Teil der Zeit werden viele Schülerinnen und Schüler gemeinsam mit der ganzen Klasse unterrichtet. Zur Differenzierung wird mehr Zeit für die Bearbeitung des ansonsten gleichen Materials zugebilligt. In anderen Ländern wird öfter in Gruppen gearbeitet und für Schülerinnen und Schüler auf unterschiedlichem Niveau unterschiedliches Material verwendet.

5. Besondere Herausforderungen für Lehrpersonen

IGLU hat deutlich gemacht, dass es bestimmte Aufgaben gibt, deren Lösung den Lehrpersonen in Deutschland nicht zufrieden stellend gelingt. Dabei handelt es sich vor allem um drei auf die Schülerleistung bezogene Bereiche: die Förderung von Problemgruppen, die Leistungsbeurteilung und die gefühlte Verantwortlichkeit für die Leistungen der Schülerinnen und Schüler.

a) Förderung bestimmter Schülergruppen:

So erfreulich die IGLU-Ergebnisse insgesamt sein mögen, ist doch der Hinweis wichtig, dass es den Lehrpersonen nicht gelingt, bestimmte Gruppen von Schülerinnen und Schülern angemessen zu fördern. Problemgruppen sind:

– Kinder mit Migrationshintergrund,
– Kinder aus bildungsfernen Milieus (Näheres zu beiden Aspekten s. Schwippert u.a. 2003),
– in bestimmten Fächern Jungen (z.B. in der Orthographie) bzw. Mädchen (Mathematik).

b) Leistungsfeststellung und Leistungsbeurteilung:

Betrachtet man den Zusammenhang der von den Lehrpersonen vergebenen Lese- bzw. Deutschnoten mit den Lesekompetenzen der Schülerinnen und Schüler, so wird deutlich, dass Kinder derselben Kompetenzstufe Beurteilungen in Form von Lese- bzw. Deutschnoten erhalten, die über drei bis vier Notenstufen streuen (vgl. Tabellen 5 und 6).

Tab. 5: Lesenote nach Kompetenzstufen der Gesamtskala Lesen

Lesenote	unter Kompetenzstufe I		Kompetenzstufe I		Kompetenzstufe II		Kompetenzstufe III		Kompetenzstufe IV		Gesamt	
	%	n	%	n	%	n	%	n	%	n	%	n
1,00	--	--	--	--	8,8	15	48,0	82	43,3	74	100	171
2,00	0,3	2	3,1	20	24,3	155	51,7	330	20,5	131	100	638
3,00	1,6	7	18,5	80	44,7	193	30,3	131	4,9	21	100	432
4,00	6,1	12	29,4	58	48,2	95	15,7	31	0,5	1	100	197
5,00	50,0	1	50,0	1	--	--	--	--	--	--	100	2
Gesamt	1,5	22	11,0	159	31,8	458	39,8	574	15,8	227	100	1440

IEA: Progress in International Reading Literacy Study © IGLU-Germany

Tab. 6: Deutschnote nach Kompetenzstufen der Gesamtskala Lesen

Deutschnote	unter Kompetenzstufe I		Kompetenzstufe I		Kompetenzstufe II		Kompetenzstufe III		Kompetenzstufe IV		Gesamt	
	%	n	%	n	%	n	%	n	%	n	%	n
1,00	--	--	0,4	2	8,1	40	42,8	211	48,7	240	100	493
2,00	0,1	2	1,2	25	15,0	313	55,4	1152	28,3	589	100	2081
3,00	0,9	20	7,3	158	33,1	714	48,8	1054	9,8	212	100	2158
4,00	2,6	26	23,7	241	45,3	461	26,3	267	2,2	22	100	1017
5,00	8,4	16	39,3	75	40,8	78	11,5	22	--	--	100	191
6,00	--	--	50,0	2	50,0	2	--	--	--	--	100	4
Gesamt	1,1	64	8,5	503	27,1	1608	45,5	2706	17,9	1063	100	5944

IEA: Progress in International Reading Literacy Study © IGLU-Germany

Eine Zwei ist eine Drei ist eine Vier – so lautete auch ein Ergebnis des Projekts NOVARA (Valtin 2002), in dem die Noten mit den Ergebnissen eines lehrplanvaliden Mathematiktests verglichen wurden. Dabei zeigte sich, dass der Zufall der Klassenzugehörigkeit wesentlich mitentscheidend bei der Zensurenvergabe ist, da sich die Lehrpersonen am klasseninternen Maßstab orientieren. (Thiel, Valtin 2002). Diese Befunde unterstreichen die schon vor 30 Jahren von Ingenkamp herausgestellte „Fragwürdigkeit der Zensurengebung" (Ingenkamp 1995[9]). Die Note wird weder ihrem pädagogischen Anspruch der differenzierten Rückmeldung über den Leistungsstand gerecht noch eignet sie sich zur Legitimation von Ausleseentscheidungen, wie der in IGLU festgestellte geringe Zusammenhang von Lesekompetenz und Empfehlung für weiterführende Schulen zeigt (vgl. Abbildung 9).

Ähnlich ungenau wie die Noten sind die von den Lehrkräften ausgesprochenen Übergangsempfehlungen für die weiterführenden Schulen, wie die breiten Leistungsüberlappungen in den für die verschiedenen Schularten empfohlenen Schülergruppen in Abbildung 9 zeigen. Dem deutschen Bildungssystem gelingt nicht die beabsichtigte Form der Auslese, die Grundlage des dreigliedrigen Schulsystems ist: Kinder nach Leistung derart zu sortieren, dass homogene Gruppen in den weiterführenden Schulen entstehen. Aus diesem Grund besteht in den weiterführenden Schulen eine größere Heterogenität und damit ein größerer Bedarf an Individualisierung und Differenzierung, als bisher vermutet. Die misslungene Aufteilung hat aber auch zur Folge, dass Bildungschancen nicht nach objektiver Leistung, sondern nach anderen Kriterien vergeben werden. Eines dieser Kriterien ist der sozioökonomische Status des Elternhauses, der bereits bei der Entscheidung über den Einschulungszeitpunkt eine Rolle spielt, besonders aber selbst bei gleichen Leistungen die Übergangsempfehlung beeinflusst.

Abb. 9: Kompetenzstufenzugehörigkeit des Leseverständnisses der Schülerinnen und Schüler, differenziert nach der Übergangsempfehlung

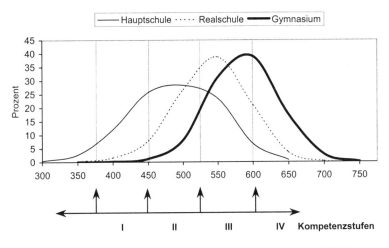

IEA: Progress in International Reading Literacy Study © IGLU-Germany

c) Zuständigkeit der Lehrpersonen für den Lernerfolg der Schülerinnen und Schüler:

Im IGLU-Lehrerfragebogen sollten die Befragten zu folgenden Aussagen Stellung nehmen:

- „Misserfolge von Schüler/innen werden an unserer Schule den Lehrkräften angelastet"
- „Schulversagen wird bei uns als Problem der Schule und weniger des Schülers bzw. der Schülerin gesehen".

Die Ergebnisse verweisen auf ein geringes Verantwortungsbewusstsein. Dass Misserfolge an ihrer Schule den Lehrkräften angelastet werden, bejahen nur 3 Prozent der Befragten, die übrigen lehnen dies eher oder vollständig ab. Nur 12,3 Prozent der Lehrkräfte stimmten der Aussage zu: „Schulversagen wird bei uns als Problem der Schule und weniger des Schülers bzw. der Schülerin gesehen".

Sicherlich hängt dieses sich hier abzeichnende geringe Gefühl der Verantwortlichkeit für die Leistungen der Schülerinnen und Schüler auch mit der starken Selektivität des deutschen Schulsystems zusammen. Das dreigliedrige Schulsystem beruht ja auf der Theorie der Dreifaltigkeit der Begabungen und der Auffassung, dass das, was wir als „Begabung" bezeichnen, den Schulerfolg determiniert. Während in vielen Ländern bildungspolitisch ein universaler Optimismus in Bezug auf die Bildungsfähigkeit der heranwachsenden Generation besteht (Lenhardt 2002), und beispielsweise im PISA-Siegerland Finnland die Lehrpersonen und Eltern die Meinung vertreten, jedes Kind könne lesen, schreiben, rechnen und eine dritte (!) Sprache erlernen, herrscht in Deutschland noch vielfach die Meinung, die Begabung sei „bildungsresistent" (Lenhardt 2002). Die Daten aus IGLU-E zeigen, dass zwar die schulischen Leistungen mit dem kognitiven Fähigkeitsniveau korrelieren, jedoch in mäßiger Höhe (r = -.42 mit der Note in Deutsch und -.38 mit der Note in der Rechtschreibung), so dass noch viel Raum bleibt für pädagogischen Optimismus.

6. Folgerungen für die Lehrerbildung

Vergegenwärtigt man sich noch einmal das IGLU-Rahmenmodell und die oben referierten PISA-Reanalysen von McKinsey, dann wird deutlich, dass eine verbesserte Lehrerbildung allein und die Einführung von einheitlichen Leistungsstandards – euphemistisch als Bildungsstandards bezeichnet – die Probleme des deutschen Bildungswesens nicht lösen. Lehrpersonen und Lehrerbildung sind nur Aspekte eines umgreifenden Systems. Will man die Schülerleistungen in Deutschland verbessern und die in PISA aufgedeckten Defizite des deutschen Bildungswesens (geringer Anteil an ausreichend qualifizierten Jugendlichen, hohe Leistungsstreuung zwischen guten und schwachen Jugendlichen, hohe soziale Selektivität bei großer externer und interner Auslese) beheben, so sind grundlegende strukturelle Veränderungen der Schulform, aber auch ein Bewusstseinswandel (weg von der Dreifaltigkeitstheorie der bildungsresistenten Begabungen hin zu einem universalen Bildungsoptimismus und weg vom Auslese- zum Forder- und Fördergedanken) notwendig.

Überlegungen zu Konsequenzen aus IGLU für die Lehrerbildung müssen deshalb eingebettet sein in

- eine umfassende Theorie zur Funktion der Schule in unserer Gesellschaft. Wird beispielsweise die Schule als Unterrichtsanstalt oder als Lebensraum angesehen? Die Funktionsbestimmung von Schule prägt die Rolle der Lehrpersonen: Wenn Selektion im Vordergrund steht, sind andere Lehrerkompetenzen notwendig, als wenn Förderung und Fordern angesagt sind. Werden Lehrpersonen als Curriculumingenieure angesehen oder als Erzieher?
- Theorien der Professionalität und Professionalisierung und Fragen des Berufsethos (z.B. Verantwortung für den Lernerfolg der Schülerinnen und Schüler, Verpflichtung zur Weiterbildung).
- schul- und verwaltungsrechtliche Bestimmungen, welche die Rolle und die Aufgaben von Lehrpersonen regeln. Dazu gehören die Fassung des beruflichen Status (Verbeamtung vs. Angestelltenverhältnis), das berufliche Aufgabenspektrum (Aufgaben von Klassenlehrern, Schulleitung, Entlastung durch externe Experten

o.ä.) sowie das Ausmaß von Eigenverantwortung und Leistungsorientierung (z.b. durch variable Gehaltsbestandteile).

Unmittelbar aus IGLU ergeben sich Konsequenzen für eine verbesserte Ausbildung der Lehrpersonen an den Universitäten, wobei über Verbesserungen in folgenden Bereichen nachgedacht werden sollte:

- im Fach (bezogen auf die Schriftsprache wären dies psycholinguistische Grundlagen der Sprache, des Lesens und der Orthographie);
- in der Fachdidaktik (Kenntnisse in der Vermittlung des Fachs und der Lernstrategien);
- in der Lern- und Entwicklungspsychologie;
- in Bezug auf didaktische Kompetenzen, mit dem Ziel einer stärkeren individuellen Förderung der Schülerinnen und Schüler, denen mehr Selbstständigkeit und Eigenaktivität zugestanden werden sollte.

Literatur

Baumert, J./Bos, W./Watermann, R. (1999): TIMSS/III: Schülerleistungen in Mathematik und den Naturwissenschaften am Ende der Sekundarstufe II im internationalen Vergleich. Zusammenfassung deskriptiver Ergebnisse (2. überarbeitete Aufl.). Berlin.

Bos, W./Lankes, E.-M./Prenzel, M./Schwippert, K./Walther, G./Valtin, R. (Hrsg.) (2003): Erste Ergebnisse aus IGLU. Schülerleistungen am Ende der vierten Jahrgangsstufe im internationalen Vergleich. Münster, New York, München, Berlin.

Ingenkamp, K. (Hrsg.) (1971/1995): Die Fragwürdigkeit der Zensurengebung (9. Aufl.). Texte und Untersuchungsberichte. Weinheim, Basel.

Lankes, E.-M./Bos, W./Mohr, I./Plaßmeier, N./Schwippert, K./Sibberns, H./Voss, A. (2003): Lehr- und Lernbedingungen in den Teilnehmerländern. In: W. Bos u.a. (Hrsg.): Erste Ergebnisse in IGLU. Münster, New York, München, Berlin, 7-28.

Lenhardt, G. (2002). Die verspätete Entwicklung der deutschen Schule. (unveröffentlicht).

Schwippert, K./Bos, W./Lankes, E.-M. (2003): Heterogenität und Chancengleichheit am Ende der vierten Jahrgangsstufe im internationalen Vergleich. In: W. Bos u.a. (Hrsg.): Erste Ergebnisse in IGLU. Münster, New York, München, Berlin, 265-302.

Terhart, E. (2003): Lehrerbildung nach PISA. In: H. Merkens (Hrsg.): Lehrerbildung in der Diskussion. Opladen, 167-177.

Thiel, O./Valtin, R. (2002): Eine Zwei ist eine Drei ist eine Vier. In: R. Valtin: Was ist ein gutes Zeugnis? Weinheim, München, 67-76.

Valtin, R. (2002): Was ist ein gutes Zeugnis? Noten und verbale Beurteilungen auf dem Prüfstand. Weinheim, München.

Valtin, R./Badel, I./Löffler, I./Meyer-Schepers, U./Voss, A. (2003): Orthographische Kompetenzen von Schülerinnen und Schülern der vierten Klasse. In: W. Bos u.a. (Hrsg.): Erste Ergebnisse in IGLU. Münster, New York, München, Berlin, 227-264.

www.Mckinsey-bildet.de/70_pisa/70_pisa.phtml.

Manfred Prenzel

Naturwissenschaftliche Kompetenz in der Grundschule: Konsequenzen für den Sachunterricht und die Lehrerbildung

In einer durch Naturwissenschaften und Technik geprägten Welt gewinnt das naturwissenschaftliche Verständnis besondere Bedeutung. Aus diesem Grund wird die naturwissenschaftliche Grundbildung in den aktuellen Schulleistungsstudien berücksichtigt. Die Studien der IEA und der OECD untersuchen regelmäßig die naturwissenschaftliche Kompetenz neben dem Leseverständnis und der mathematischen Kompetenz. Die aktuellen internationalen Vergleichsstudien interessieren sich vor allem für den Wissensstand, der am Ende der Sekundarstufe erreicht wird.

Die TIMS-Studie, die im Jahr 1995 durchgeführt wurde und deren Ergebnisse kurz danach berichtet wurden (Baumert, Lehmann, Lehrke et al. 1997; Martin, Mullis, Beaton et al. 1997), hätte noch die Option geboten, das mathematische und naturwissenschaftliche Verständnis auch am Ende der Grundschulzeit zu erheben. Allerdings konzentrierte Deutschland die Studie auf die Sekundarstufen I und II und verzichtete auf den Primarstufentest. Aus heutiger Sicht – nach den heftigen Diskussionen, um die TIMSS- und PISA-Befunde – fällt es schwer, diese Entscheidung nachzuvollziehen. Zum Zeitpunkt der Entscheidung war es jedoch bereits schwierig, die Finanzierung für die Durchführung der Sekundarstufenerhebungen sicherzustellen.

Aus der Sicht der didaktischen Disziplinen, die sich um den Aufbau naturwissenschaftlicher Kompetenz im Grundschulalter kümmern, ist damit eine Chance verpasst worden, sich einen empirisch zuverlässigen Überblick über den Wissensstand zu verschaffen. Freilich sind hierzulande bis dahin in diesen Disziplinen aber auch keine Anstrengungen unternommen worden, systematisch und in breit angelegten Studien die naturwissenschaftliche Kompetenz im Grundschulalter zu untersuchen.

Die Internationale Grundschul-Lese-Untersuchung (IGLU) bot die nächste Gelegenheit, auch andere Kompetenzbereiche als das Lesen in einer nationalen Ergänzungsstudie zu untersuchen. Die Erhebung fand 2001 statt. Allerdings konnte zu diesem Zeitpunkt – im Rahmen der „Progress in International Reading Literacy Study" (PIRLS) – ein aktueller internationaler Vergleich nur für das Leseverständnis durchgeführt werden. Eine internationale Einordnung der mathematischen und naturwissenschaftlichen Kompetenz deutscher Schülerinnen und Schüler war nur durch eine Rückbindung an die Befunde der früher durchgeführten TIMS-Studie zur Primarstufe möglich.

Der im Rahmen der IGLU-Ergänzung durchgeführte Naturwissenschaftstest gestattet damit nur eine nachträgliche Zuordnung, die Anlass zu einer vorsichtigen Interpretation gibt. Die Anlage von IGLU bzw. PIRLS wird ausführlich im Sammelband von Bos, Lankes, Prenzel, Schwippert, Walther und Valtin (2003) beschrieben. Details über die Durchführung und Auswertung der Mathematik- und Naturwissenschaftstests werden ebenfalls in diesem Band dargestellt (Prenzel, Geiser, Langeheine, Lobemeier 2003).

Im vorliegenden Beitrag soll unter einer speziellen Perspektive über Konsequenzen aus der Studie für den Sachunterricht und die Lehrerbildung nachgedacht werden. Da die IGLU-Datensätze noch nicht abschließend ausgewertet sind, beziehen sich die Überlegungen vorwiegend auf die bisher erledigten deskriptiven Auswertungen. Stärker belastbare und weiterführende Aussagen werden mit dem so genannten „analytischen Bericht" zu IGLU in einigen Monaten publiziert.

1. Naturwissenschaftliche Kompetenz im Grundschulalter

Internationale Vergleichsstudien wie TIMSS oder PISA orientieren sich an einer Konzeption naturwissenschaftlicher Grundbildung, die international als „Scientific Literacy" bezeichnet wird. Die „Literacy"-Konzeption betont die Voraussetzungen für die Teilhabe an einer von Naturwissenschaften und Technik geprägten Kultur und Gesellschaft (Duit, Häussler, Prenzel 2001). Naturwissenschaftliches Verständnis ist in Alltags- wie Berufssituationen und im gesellschaftlichen Kontext erforderlich, um zweckmäßig und verantwortlich entscheiden und handeln zu können. In Anbetracht der dynamischen Entwicklung des naturwissenschaftlichen Wissens gilt es mehr denn je, anschlussfähig zu bleiben, also über Grundkonzepte zu verfügen, die eine Einordnung von neuen Wissensbeständen und ein Weiterlernen erleichtern.

Die Literacy-Konzeption ist auch mit der Vorstellung verbunden, dass alle Menschen entsprechend entscheidungs- und handlungsfähig werden. Dieser Anspruch stimmt mit dem – in der deutschen Tradition vertretenen – Anspruch von Allgemeinbildung im Sinne einer „Bildung für alle" (Klafki 1986) überein. Will man freilich konkret fassen, welche Aspekte naturwissenschaftlicher Kompetenz von allen erreicht werden sollen, stellt sich das Problem, realistische – und nicht nur wünschenswerte – Anforderungen zu formulieren. Letztlich gilt es, Modelle naturwissenschaftlicher Kompetenz oder Scientific Literacy zu entwickeln, die etwa, wie von Bybee (1997, 2002) skizziert, Stufen eines sich entwickelnden naturwissenschaftlichen Verständnisses unterscheiden.

Insgesamt zeichnet sich international ein breiter Konsens über wichtige Aspekte naturwissenschaftlicher Kompetenz ab (vgl. American Association for the Advancement of Science 1993; Fensham 2002; Hunt, Millar 2000;

National Research Council 1996; Prenzel, Rost, Senkbeil, Häußler, Klopp 2001; Sjøberg 2001). Sie beruht auf

- naturwissenschaftlichen Begriffen und Prinzipien (Wissen bzw. Verständnis zentraler naturwissenschaftlicher Konzepte),
- naturwissenschaftlichen Denkweisen und Untersuchungsmethoden (Verständnis naturwissenschaftlicher Prozesse, grundlegende Fertigkeiten),
- Vorstellungen über die Besonderheiten der Naturwissenschaften (Verständnis der „Nature of Science", epistemologische Vorstellungen, Wissen über die Grenzen der Naturwissenschaften),
- Vorstellungen über die Beziehungen zwischen Naturwissenschaften, Technik und Gesellschaft (Verständnis des „Unternehmens Naturwissenschaft" im sozialen, ökonomischen und ökologischen Kontext).

Zu diesen kognitiven Aspekten sind weiterhin motivationale Komponenten hinzuzufügen (z.B. Aufgeschlossenheit, Interesse, Engagement, Orientierungen), um naturwissenschaftliche Grundbildung bzw. Scientific Literacy umfassender zu bestimmen.

Die Debatte über Scientific Literacy betont vor allem die Wissensanwendung in Problem- und Lernsituationen. Die Entwicklung von Scientific Literacy wird als kumulativer Prozess verstanden, der in der frühen Kindheit beginnt, beim Explorieren der Umwelt und bei der Bildung erster Konzepte. Das Kind begegnet im Elternhaus, Kindergarten oder in den Medien Alltagsvorstellungen, zum Teil aber auch schon naturwissenschaftlich geprägten Erklärungen und Denkweisen. Der systematische und gezielte Aufbau naturwissenschaftlicher Kompetenz erfolgt dann aber erst im Verlauf der Schulzeit (Prenzel 2000a).

In Deutschland erfolgt die erste schulische Beschäftigung mit naturwissenschaftsbezogenen Themen im Sachunterricht. Allerdings sind die Themen dort „eine Sache" neben anderen, etwa geographischen, geschichtlichen oder volkskundlichen Sachverhalten. Betrachtet man die übergeordneten Zielsetzungen, die in der Didaktik des Sachunterrichts betont werden, dann lässt sich seit kurzem ebenfalls eine Ausrichtung an einer Vorstellung von Literacy feststellen. So hebt etwa Köhnlein (2001, 101) hervor, dass der Sachunterricht die Kinder zu einem zunehmenden Verstehen ihrer Lebenswelt heranführen und tragfähige Grundlagen schaffen soll für eine selbständige und verantwortliche Teilhabe an der Kultur.

Eine Orientierung an einer Vorstellung von Scientific Literacy (im Sinne der internationalen Diskussion) könnte dazu beitragen, eine Balance zwischen Fach- und Wissenschaftsorientierung einerseits und Schülerorientierung andererseits zu finden. Die Zielsetzung des Bildungsrates (1970), im Sachunterricht in einfachste und grundlegende naturwissenschaftliche Denk- und Untersuchungsweisen einzuführen, hatte starke Anstöße zur Entwicklung neuer Unterrichtskonzeptionen gegeben (z.B. Arbeitsgruppe für Unterrichtsforschung 1977; Spreckelsen 1970). Diese Ansätze stießen allerdings auf

Kritik, weil sie zu sehr stofforientiert und zu wenig an den kognitiven Voraussetzungen der Kinder und ihrer Erfahrungswelt ansetzten (z.B. Soostmeyer 1988).

Die Kontroverse führte jedoch nicht zu Anstrengungen, die Konzeptionen und Ansätze eines naturwissenschaftsbezogenen Sachunterrichts didaktisch weiterzuentwickeln. Es gibt vielmehr zahlreiche Belege dafür, dass an den Naturwissenschaften orientierte Zugänge zum Sachunterricht in der Tendenz zurückgenommen wurden (Möller 2001). Die tendenzielle Abwendung von naturwissenschaftsbezogenen Themen in den letzten Jahrzehnten lässt sich durch Analysen von Schülerarbeitsmappen (Einsiedler, Schirmer 1986) und Lehrplänen (Strunck, Lück, Demuth 1998) belegen. Insbesondere Themen, die sich auf physikalische, chemische und technische Sachverhalte beziehen, werden von diesem Rückzug aus den Naturwissenschaften betroffen. Auf der anderen Seite belegen seit jüngerer Zeit empirische Studien, dass naturwissenschaftliche Themen sehr wohl schülerorientiert und wissenschaftlich begründet im deutschen Sachunterricht mit guten Lernerfolgen behandelt werden können (Möller, Jonen, Hardy, Stern 2002; Sodian, Thoermer, Kircher, Grygier, Günther 2002).

Vor diesem Hintergrund gewinnt die Frage, wie die naturwissenschaftliche Kompetenz deutscher Schülerinnen und Schüler am Ende der Grundschulzeit im internationalen Vergleich einzuschätzen ist, besonderen Reiz. Während die Naturwissenschaftsleistungen deutscher Schülerinnen und Schüler bei TIMSS auf den Sekundarstufen noch einem breiten internationalen Mittelfeld zugeordnet werden konnten (Baumert, Lehmann, Lehrke et al. 1997), lagen die Leistungen bei PISA unterhalb des internationalen Mittelwertes (Prenzel et al. 2001). Gerade in der Diskussion nach PISA ist wiederholt gefragt worden, inwieweit die Schwächen deutscher Fünfzehnjähriger bereits durch grundlegende Defizite im Grundschulalter angelegt sind. Die IGLU-Erweiterung gibt die Möglichkeit, solide Informationen zur Beantwortung dieser Frage beizutragen.

2. Der IGLU-Test zur naturwissenschaftlichen Kompetenz

Um die Naturwissenschaftsleistungen deutscher Schülerinnen und Schüler, die im Rahmen von IGLU erfasst werden sollten, international einordnen zu können, musste auf geeignetes Aufgabenmaterial zurückgegriffen werden. TIMSS hatte 1995 drei Schulstufen untersucht. Die Aufgaben zur Primarstufe (die in Deutschland danach nicht eingesetzt worden waren) orientierten sich theoretisch an einer Vorstellung von Scientific Literacy, die auch aus der Sicht neuer theoretischer Konzeptionen durchaus vertretbar ist. Die Aufgaben für die Primarstufe erfassen ein generelles naturwissenschaftliches Grundverständnis für vielfältige Alltagssituationen, denen Zehnjährige begegnen (Martin et al. 1997).

Für IGLU wurden deshalb aus dem TIMSS-Aufgabenpool Items ausgewählt, die fachlichen und technischen Kriterien genügten und die aus der Sicht von Experten als bedeutsam für die Altersgruppe und für eine nachfolgende schulische Auseinandersetzung mit den Naturwissenschaften galten. Insgesamt wurden 24 TIMSS-Items ausgewählt. Diese Itemauswahl gestattet eine nachträgliche Zuordnung der Leistungen deutscher Schülerinnen und Schüler zu den Kennwerten der TIMSS-Primarstufenerhebung von 1995, die in der Zuverlässigkeit den TIMSS-Befunden entspricht. Dem Itempool für IGLU wurden dann weitere Aufgaben zugeordnet, die sich in anderen Studien als geeignet und aussagekräftig für die naturwissenschaftliche Kompetenz erwiesen hatten. Dieser erweiterte Aufgabenpool ermöglichte es, Stufen naturwissenschaftlicher Kompetenz zu differenzieren (Prenzel et al. 2003).

Tabelle 1 stellt die Zusammensetzung der Items nach Stoffgebiet und Bereich naturwissenschaftlicher Kompetenz dar.

Tab. 1: Anzahl der Items nach Stoffgebieten und Kompetenzbereichen*

	Physik/Chemie	Biologie	Erde/Umwelt
Wissensreproduktion	4	6	0
Konzeptanwendung	14	6	2
Verständnis	5	3	1
Prozesswissen	5	2	1
Summe	28	17	4

* aus Prenzel et al. 2003, 154

Wie der Tabelle zu entnehmen ist, wurde ein (in Relation zum deutschen Sachunterricht) breites Spektrum von Themen angesprochen. Der größte Teil der Items erfasste die Anwendung und das Verständnis grundlegender Konzepte; einige Items erhoben Prozesskompetenz (naturwissenschaftliche Denk- und Arbeitsweisen). Beispielitems werden an anderer Stelle dargestellt (Prenzel et al. 2003).

Das Testmaterial wurde Lehrplanexperten aus den an der Studie teilnehmenden Bundesländern zur Beurteilung der curricularen Validität vorgelegt. Das Ergebnis dieser Einschätzung stellt Tabelle 2 dar.

Wie Tabelle 2 zeigt, wurde für die TIMSS-Aufgaben (die zum internationalen Vergleich dienten) bei ca. 41 Prozent der Items ein expliziter Bezug zum Lehrplan festgestellt. Etwa ein Drittel der Items lässt einen Bezug zum Lehrplan erkennen, der allerdings eher allgemeiner Art ist.

Tab. 2: Einschätzung der curricularen Validität durch Lehrplanexperten
(Aufgabe entspricht Stoff laut Lehrplan)*

	ja, explizit	ja, implizit	nein	keine Angaben
insgesamt	36,4%	33,3%	28,8%	1,5%
TIMSS	41,3%	34,5%	22,7%	1,5%
Einsiedler	27,8%	44,4%	26,9%	0,9%
Crosstel	34,4%	25,0%	38,9%	1,7%

* vgl. Prenzel et al. 2003, 161

Die Einschätzung durch die Lehrplanexperten der Länder unterstreicht, dass mit dem IGLU-Test nicht direkt überprüft werden kann, inwieweit die Vorgaben der Lehrpläne von den Schülerinnen und Schülern erreicht werden. Offensichtlich erfasst der Test auch breite Aspekte naturwissenschaftlicher Kompetenz, die nicht direkt im Unterricht angesprochen werden. Auf die Frage, inwieweit die Testaufgaben Wissen erfassen, das für das Lernen auf höheren Klassenstufen bedeutsam wird, stellt sich die Einschätzung der Lehrplanexperten etwas anders dar: Über 73% der Items des IGLU-Tests werden als wichtig bzw. sehr wichtig für das nachfolgende Lernen von Naturwissenschaften erachtet.

3. Befunde

Ein wichtiges Ziel der Studie war darauf gerichtet, die naturwissenschaftliche Kompetenz deutscher Schülerinnen und Schüler am Ende der Grundschulzeit im internationalen Vergleich einzuordnen. Eine Einordnung war nur nachträglich in Bezug auf die TIMSS-Primarstufenbefunde möglich. Bei der Interpretation der Ergebnisse ist der Zeitabstand von sechs Jahren zwischen den TIMSS- und den IGLU-Ergebnissen zu berücksichtigen. Es ist nicht auszuschließen, dass einzelne Länder in diesem Zeitraum ein höheres Leistungsniveau entwickelt haben. Anzumerken ist auch, dass vier Bundesländer an der IGLU-Erweiterung nicht teilgenommen haben. Es handelt sich um Länder, die im PISA-Vergleich tendenziell eher unter dem deutschen Mittelwert lagen. Der IGLU-Kennwert könnte also das Leistungsniveau für Deutschland insgesamt um einige wenige Punkte überschätzen (Prenzel et al. 2003).

In Tabelle 3 erfolgt die Einordnung der IGLU-Befunde in die Tabelle des TIMSS-Ländervergleichs. Betrachtet man das deutsche Leistungsniveau im Vergleich mit anderen OECD-Staaten, ergibt sich insgesamt ein etwas günstigeres Bild gegenüber den PISA-Befunden. Der rekonstruierte Mittelwert für Deutschland (560) liegt über dem internationalen Durchschnittswert (524). Das deutsche Leistungsniveau entspricht damit etwa dem der USA, Österreichs, Australiens oder der Tschechischen Republik.

Tab. 3: Naturwissenschaftsleistungen am Ende der Grundschule (4. Jahrgangsstufe) im internationalen Vergleich*

Land	MW	SE	SD
Korea	597	1.9	68
Japan	574	1.8	73
USA	565	3.1	95
Österreich	565	3.3	80
Australien	562	2.9	93
Deutschland*	560	2.9	82
Tschechien	557	3.1	81
Niederlande	557	3.1	66
England	551	3.3	96
Kanada	549	3.0	86
Singapur	547	5.0	97
Slowenien	546	3.3	76
Irland	539	3.3	85
Schottland	536	4.2	93
Hong Kong	533	3.7	78
Ungarn	532	3.4	81
Neuseeland	531	4.9	97
Norwegen	530	3.6	86
internationaler Mittelwert	524		
Lettland	512	4.9	84
Island	505	3.3	85
Israel	505	3.6	86
Griechenland	497	4.1	83
Portugal	480	4.0	93
Zypern	475	3.3	76
Thailand	473	4.9	71
Iran	416	3.9	74
Kuwait	401	3.1	85

* Tabelle nach Martin et al. 1997, 22; nachträgliche deutsche Ergebnisse eingefügt, nach Prenzel et al. 2003, 166.

Die nachträgliche Einordnung in den TIMSS-Ländervergleich widerspricht der Vermutung, dass die deutschen Schülerinnen und Schüler am Ende der Grundschulzeit – im internationalen Vergleich – bereits große Leistungsdefizite erkennen lassen. Die Befunde weisen darauf hin, dass über den Verlauf der Sekundarstufe I in Deutschland (wiederum im internationalen Vergleich) die naturwissenschaftliche Kompetenz relativ schwach weiterentwickelt wird. An dieser Stelle könnte der relativ späte Beginn des Physik- und Chemieunterrichts als Begründung angeführt werden. Allerdings liegen die Leistungen deutscher Schülerinnen und Schüler bei den Sekundarstufentests auch für die Biologieaufgaben auf einem ähnlichen Niveau, obwohl der Biologieunterricht über die Sekundarstufe (weitgehend) kontinuierlich fortgeführt wird.

Die Ergebnisse der nachträglichen internationalen Einordnung müssen jedoch auch noch in anderer Hinsicht mit Zurückhaltung interpretiert werden. Legt man die Einschätzungen der Lehrplanexperten zugrunde, dann können die Kompetenzen deutscher Schülerinnen und Schüler nur zu einem Teil auf den Sachunterricht an der Grundschule zurückgeführt werden. Es gibt vielmehr Grund zu der Annahme, dass erhebliche Anteile der Kompetenz, die mit dem Literacy-Test erfasst wird, außerhalb des Unterrichts aufgebaut wurden. Die Unterschiede in der naturwissenschaftlichen Kompetenz sind auch im Grundschulalter systematisch mit der sozialen Herkunft gekoppelt. Kinder aus oberen Sozialschichten erreichen deutlich größere Anteile auf höheren Kompetenzstufen im Vergleich zu Kindern aus niedrigeren Sozialschichten. Es gibt Grund zu der Annahme, dass die sozialen bzw. kulturellen Milieus im Elternhaus die Entwicklung naturwissenschaftlicher Kompetenz stimulieren können. Die Sozialschichtunterschiede werden über den Sachunterricht nicht kompensiert. Die Befunde über die Kopplung von sozialer Herkunft und naturwissenschaftlicher Kompetenz bezeichnen eine wichtige Herausforderung für einen vom Anspruch her schüler- und lebensweltorientierten Unterricht.

Eine weitere Herausforderung kann in den Befunden über Geschlechterdifferenzen erkannt werden. Wie Tabelle 4 zeigt, sind Mädchen und Jungen in unterschiedlichen Anteilen auf den oberen und unteren Kompetenzstufen vertreten. Am Ende der Grundschulzeit zeichnen sich damit Geschlechterdifferenzen im naturwissenschaftlichen Verständnis ab, die Anlass geben, den Sachunterricht stärker auf Voraussetzungen der Mädchen zu beziehen bzw. diese besser zu fördern (Tab. 4).

Betrachtet man die Verteilung auf die Kompetenzstufen insgesamt, dann liegen knapp über 40 Prozent der Schülerinnen und Schüler auf den Stufen vier und fünf. Diese Kinder verfügen über ein naturwissenschaftliches Grundverständnis, das sehr gute Voraussetzungen für einen anspruchsvolleren naturwissenschaftlichen Unterricht bietet. Diese Schülerinnen und Schüler finden im derzeitigen Sachunterricht mit geringem naturwissenschaftlichem Anteil wenige Anregungen und Herausforderungen, ihr Verständnis zu vertiefen.

Insgesamt ist die Motivation, sich mit naturwissenschaftlichen Themen im Sachunterricht zu befassen, bei den Grundschulkindern hoch ausgeprägt (Prenzel et al. 2003). Auch Schülerinnen und Schüler, deren Leistungen niedrigeren Kompetenzstufen zugeordnet werden, finden naturwissenschaftliche Themen interessant und würden gerne mehr darüber erfahren. Am Ende der Grundschule scheinen damit insgesamt sehr günstige Voraussetzungen für eine Auseinandersetzung mit naturwissenschaftsbezogenen Themen gegeben zu sein. Auch Schülerinnen und Schüler, die hinsichtlich ihres naturwissenschaftlichen Verständnisses niedrigeren Kompetenzstufen zuzuordnen sind, sind den IGLU-Daten zufolge gut motiviert, sich verstärkt mit naturwissenschaftsbezogenen Fragen zu befassen.

Tab. 4: Verteilung der Schülerinnen und Schüler auf die Stufen naturwissenschaftlicher Kompetenz*

Stufen naturwissenschaftlicher Kompetenz (Grundschule)	Gesamt	Prozentanteil Mädchen	Prozentanteil Jungen
Stufe V (> 637): Naturwissenschaftliches Denken und Lösungsstrategien	8.1	6,6	9,7
Stufe IV (523-637): Beginnendes naturwissenschaftliches Verständnis	33.7	30,9	36,5
Stufe III (469-522): Anwenden naturwissenschaftsnaher Begriffe	21.3	21,9	20,7
Stufe II (401-468): Anwenden alltagsnaher Begriffe	20.2	21,0	19,4
Stufe I (323-400): Einfache Wissensreproduktion	12.8	14,3	11,4
Stufe 0 (< 323): Vorschulisches Alltagswissen	3.9	5,3	2,4

* vgl. Prenzel et al. 2003, 174

Die ersten Auswertungen aus den Befragungen der Lehrkräfte für den Sachunterricht wiederum lassen erkennen, dass sie den Naturwissenschaften und der Behandlung naturwissenschaftlicher Themen im Grundschulunterricht insgesamt einen hohen Stellenwert einräumen (Prenzel et al. 2003). Die Daten weisen darauf hin, dass viele Lehrkräfte insbesondere der Biologie (über 90 Prozent), aber auch der Chemie und Physik (je ca. 40 Prozent) während der eigenen Schulzeit ein starkes Interesse entgegenbrachten. Dieses Interesse scheint bei einigen Lehrkräften im Verlauf der Lehrerbildung etwas abzunehmen. Insgesamt lässt sich jedoch keineswegs eine Aversion oder ein ausgeprägtes Desinteresse bei den Lehrkräften feststellen.

Nach ihrer eigenen Beobachtung attestieren 47 Prozent der Lehrkräfte ihrer Klasse ein starkes (weitere 39 Prozent ein mittleres) Interesse. Über 85 Prozent der Lehrkräfte finden, dass die naturwissenschaftsbezogenen Themen des Sachunterrichts gleichermaßen interessant sind; über 82 Prozent erkennen keine Geschlechterunterschiede beim naturwissenschaftlichen Verständnis. Die Einschätzungen und Aussagen der Lehrkräfte weisen nicht darauf hin, dass hinsichtlich der Behandlung naturwissenschaftlicher Themen im Sachunterricht eine besondere kognitive und motivationale Problematik besteht.

4. Zusammenfassung und Schlussfolgerungen

Im Rahmen der IGLU-Erweiterungen konnten Schülerinnen und Schüler der vierten Jahrgangsstufe mit Aufgaben aus der TIMSS-Primarstufenerhebung getestet werden. Die nachträgliche Einordnung der Leistungen deutscher Schülerinnen und Schüler in die Daten des internationalen Vergleichs (Martin et al. 1997) liefert, insgesamt betrachtet, keine Hinweise auf ausgeprägte generelle Leistungsdefizite bei den zehnjährigen Schülerinnen und Schülern in Deutschland (Prenzel et al. 2003). Die insbesondere durch PISA (Prenzel et al. 2001) festgestellten Schwächen in der naturwissenschaftlichen Grundbildung bei Fünfzehnjährigen können damit nicht einfach auf Defizite am Ende der Grundschule zurückgeführt werden. Vielmehr ist davon auszugehen, dass das naturwissenschaftliche Verständnis an deutschen Schulen im nachfolgenden Sekundarstufenunterricht weniger konsequent weiter entwickelt wird als in anderen Ländern. Bei einer Zusammenschau von TIMSS- und PISA-Befunden zeichnet sich ab, dass in einigen Ländern nach der Grundschulzeit erhebliche Entwicklungen im naturwissenschaftlichen Verständnis eingeleitet werden.

Auf der anderen Seite können die IGLU-Befunde für die Naturwissenschaften aber auch als Beleg für die besondere Qualität des Sachunterrichts in Deutschland dienen: Der Anteil naturwissenschaftsbezogener Themen im Sachunterricht fällt relativ klein aus; nach Einschätzung der Lehrplanexperten stehen nur etwa 40 Prozent der TIMSS-Items in einer expliziten Beziehung zu den Themen der Sachunterrichtscurricula. Anscheinend erfolgt der Aufbau eines grundlegenden Verständnisses naturwissenschaftsbezogener Themen und Herangehensweisen weitgehend außerhalb des Sachunterrichts. Die ausgeprägte Kopplung zwischen der sozialen Herkunft mit dem naturwissenschaftlichen Verständnis weist darauf hin, dass Kinder in bestimmten sozialen und kulturellen Milieus zu einer Auseinandersetzung mit naturwissenschaftlichen Fragen angeregt werden.

Im Sachunterricht gelingt es nicht ausreichend, Schülerinnen und Schüler aus weniger anregungsreichen familiären Umgebungen auf ein vergleichbares Verständnisniveau zu bringen. Das proklamierte Ziel eines lebenswelt- und schülerorientierten Sachunterrichts bleibt – zumindest für die naturwissenschaftlichen Anteile – nach wie vor eine Herausforderung. Die Befunde über Geschlechterdifferenzen im naturwissenschaftlichen Verständnis unterstreichen den Handlungsbedarf.

Die IGLU-Befunde legen bei näherer Betrachtung nahe, im Sachunterricht naturwissenschaftsbezogenen Themen mehr Aufmerksamkeit entgegen zu bringen. Die Themen stoßen bei den Schülerinnen und Schülern auf ausgeprägtes Interesse. Über vierzig Prozent bringen eine gute oder sehr gute Verständnisbasis für einen vertiefenden naturwissenschaftlichen Unterricht mit. Jedoch zeigen die Befunde auch, dass für eine ganze Reihe von Schülerinnen und Schülern ein besonderer Förderungsbedarf besteht, wiederum im Zusammenhang mit den oben angesprochenen Hintergrundmerkmalen (soziale und kulturelle Bedingungen des Elternhauses, Migrationsstatus).

In der Grundschule selbst, dann vor allem aber auf den Sekundarstufen, wird das naturwissenschaftliche Verständnis noch zu wenig zielorientiert und systematisch aufgebaut. Das Stichwort „kumulativer Aufbau" eines Verständnisses naturwissenschaftlicher Konzepte und Prozesse (Bund-Länder-Kommission für Bildungsplanung und Forschungsförderung 1997) beschreibt nach wie vor eine große Herausforderung für die Primar- und Sekundarstufe in Deutschland. Die Diskussion über Bildungsstandards bzw. die Ausarbeitung von Modellen der Kompetenzentwicklung (Klieme 2003) kann und muss dazu beitragen, zentrale und anschlussfähige naturwissenschaftliche Konzepte für den fortschreitenden Unterricht über die Jahrgangsstufen aufzuschlüsseln.

Weitere Herausforderungen für einen wirksamen naturwissenschaftlichen Unterricht betreffen Anwendungsbezüge und fächerübergreifende Verknüpfungen, die Einführung in naturwissenschaftliche Denk- und Arbeitsweisen oder das Umgehen mit Fehlern bzw. Fehlkonzepte.

Vielfältige Ansätze für einen mental und motivational aktivierenden naturwissenschaftlichen Unterricht wurden in der Folge auf TIMSS im sog. SINUS-Programm der BLK (Bund-Länder-Kommission für Bildungsplanung und Forschungsförderung 1997; Prenzel 2000b) oder auch im BIQUA-Programm der DFG (Prenzel, Doll 2002) entwickelt und erprobt. Diese Ansätze liefern nicht nur Anregungen, sondern (z.B. das BLK-Modulkonzept) bereits ein Gerüst für eine naturwissenschaftsbezogene Didaktik des Sachunterrichts.

In diesem Rahmen bleibt noch zu klären, wie Lehrkräfte sich über die verschiedenen Phasen der Lehrerbildung für den Sachunterricht das erforderliche naturwissenschaftliche Wissen aneignen können. Wenn IGLU insgesamt eine Aufgeschlossenheit der Lehrkräfte für naturwissenschaftsbezogene Themen feststellt, muss dennoch sichergestellt werden, dass die Lehrkräfte in der Aus- und Fortbildung in die Lage gesetzt werden, einen verständnisorientierten und bedeutungsvollen Naturwissenschaftsunterricht zu erteilen, der an den Voraussetzungen der Schülerinnen und Schüler ansetzt und kumulativ angelegt ist.

Es ist aber nicht allein die Lehrerausbildung für den Sachunterricht in der Grundschule, die durch IGLU Anregungen erfährt. Große Herausforderungen ergeben sich für die Ausbildung von Lehrkräften für den Unterricht in den naturwissenschaftlichen Fächern der Sekundarstufen (Prenzel 2002). IGLU zeigt, in Verbindung mit PISA, dass es insbesondere gilt, den Übergang von der Primar- zur Sekundarstufe abzustimmen und einen kontinuierlichen Aufbau eines grundlegenden naturwissenschaftlichen Unterrichts zu gewährleisten. Die Befunde aus IGLU unterstreichen, dass Kinder im Grundschulalter durchaus die kognitiven und motivationalen Voraussetzungen für einen grundlegenden Unterricht mit physikalischen und chemischen Themen mitbringen. Freilich wird es in diesem Zusammenhang unmöglich sein, sich über die Verteilung der Stundenanteile für die naturwissenschaftlichen Fächer und über eine bessere Abstimmung der Fragestellungen zu verständigen.

Literatur

American Association for the Advancement of Science (1993): Benchmarks for science literacy. Project 2061. New York.
Arbeitsgruppe für Unterrichtsforschung (Hrsg.) (1977): Kinder und ihre natürliche Umwelt. Naturwissenschaftlich orientiertes Curriculum für den Sachunterricht in der Grundschule (mehrere Bde.). Frankfurt/M.
Baumert, J./Lehmann, R.H./Lehrke, M. et al. (1997): TIMSS – Mathematisch-naturwissenschaftlicher Unterricht im internationalen Vergleich. Deskriptive Befunde. Opladen.
Bund-Länder-Kommission für Bildungsplanung und Forschungsförderung (1997): Gutachten zur Vorbereitung des Programms „Steigerung der Effizienz des mathematisch-naturwissenschaftlichen Unterrichts". (Materialien zur Bildungsplanung und zur Forschungsförderung, 60). Bonn.
Bos, W./Lankes, E-M./Prenzel, M./Schwippert, K./Walther, G./Valtin, R. (Hrsg.) (2003): Erste Ergebnisse aus IGLU. Schülerleistungen am Ende der vierten Jahrgangsstufe im internationalen Vergleich. Münster.
Bybee, R.W. (1997): Towards an understanding of scientific literacy. In: W. Gräber, C. Bolte (Hrsg.): Scientific literacy. An international symposium. Kiel, 37-68.
Bybee, R.W. (2002): Scientific Literacy – Mythos oder Realität? In: W. Gräber, P. Nentwig, T. Koballa, R. Evans (Hrsg.): Scientific Literacy. Der Beitrag der Naturwissenschaften zur Allgemeinen Bildung. Opladen, 21-43.
Deutscher Bildungsrat (1970): Strukturplan für das Bildungswesen. Stuttgart: Klett.
Duit, R./Häußler, P./Prenzel, M. (2001): Schulleistungen im Bereich der naturwissenschaftlichen Bildung. In F.E. Weinert (Hrsg.): Leistungsmessungen in Schulen. Weinheim, 169-185.
Einsiedler, W./Schirmer, G. (1986): Auswirkungen der Sachunterrichtsreform auf die Unterrichtsgestaltung, aufgezeigt an Schülerarbeitsmappen von 1968–1981. Institut für Grundschulforschung. (Berichte und Arbeiten aus dem Institut für Grundschulforschung, 53). Nürnberg.
Fensham, P.J. (2002): Time to change drivers for scientific literacy. Canadian Journal of Science, Mathematics and Technology Education.
Hunt, A./Millar, R. (Hrsg.) (2000): Science for public understanding. Oxford.
Klafki, W. (1986): Die Bedeutung der klassischen Bildungstheorien für ein zeitgemäßes Konzept allgemeiner Bildung. Z.f.Päd., 32, 455-476.

Klieme, E. (Hrsg.) (2003): Zur Entwicklung nationaler Bildungsstandards. Eine Expertise. Deutsches Institut für Internationale Pädagogische Forschung (DIPF). Frankfurt/M.

Köhnlein, W. (2001). Leitbild: Verstehen im Sachunterricht. In: M. Fölling-Albers, S. Richter, H. Brügelmann, A. Speck-Hamdan (Hrsg.): Kindheitsforschung – Forschung zum Sachunterricht. Jahrbuch Grundschule III: Fragen der Praxis – Befunde der Forschung. Seelze, 100-104.

Martin, M.O./Mullis, I.V.S./Beaton, A.E./Gonzales, E.J./Smith, T.A./Kelly, D.L. (1997): Science achievement in the primary school years: IEA's third international mathematics and science study (TIMSS). Chestnut Hill, MA.

Möller, K. (2001): Die naturwissenschaftliche Perspektive im Sachunterricht – Ziele, Probleme und Forschungsergebnisse. In: M. Fölling-Albers, S. Richter, H. Brügelmann, A. Speck-Hamdan (Hrsg.): Kindheitsforschung – Forschung zum Sachunterricht. Jahrbuch Grundschule III: Fragen der Praxis – Befunde der Forschung. Seelze, 105-111.

Möller, K./Jonen, A./Hardy, I./Stern, E. (2002): Die Förderung von naturwissenschaftlichem Verständnis bei Grundschulkindern durch Strukturierung der Lernumgebung. In: M. Prenzel, J. Doll (Hrsg.): Bildungsqualität von Schule: Schulische und außerschulische Bedingungen mathematischer, naturwissenschaftlicher und überfachlicher Kompetenzen. Z.f.Päd., 45. Beiheft, 176-191.

National Research Council. (1996). National science education standards. Washington, DC.

Prenzel, M. (2000a): Lernen über die Lebensspanne aus einer domänenspezifischen Perspektive. In: F. Achtenhagen, W. Lempert (Hrsg.): Lebenslanges Lernen im Beruf – seine Grundlegung im Kindes- und Jugendalter. Bd. 4: Formen und Inhalte von Lernprozessen. Opladen, 175-192.

Prenzel, M. (2000b): Steigerung der Effizienz des mathematisch-naturwissenschaftlichen Unterrichts: Ein Modellversuchsprogramm von Bund und Ländern. Unterrichtswissenschaft, 28, 103-126.

Prenzel, M. (2002): Nachwuchsprobleme in den Naturwissenschaften: Ursachen und Abhilfen in Unterricht und Lehrerbildung. In: U. Herrmann (Hrsg.): Naturwissenschaften – Gymnasium – Universität. Ulm, 27-53.

Prenzel, M./Rost, J./Senkbeil, M./Häußler, P./Klopp, A. (2001): Naturwissenschaftliche Grundbildung: Testkonzeption und Ergebnisse. In: J. Baumert, E. Klieme, M. Neubrand, M. Prenzel, U. Schiefele, W. Schneider, P. Stanat, K.-J. Tillmann, M. Weiß (Hrsg.): PISA 2000. Basiskompetenzen von Schülerinnen und Schülern im internationalen Vergleich. Opladen, 191-248.

Prenzel, M./Doll, J. (Hrsg.) (2002): Bildungsqualität von Schule: Schulische und außerschulische Bedingungen mathematischer, naturwissenschaftlicher und überfachlicher Kompetenzen. Z.f.Päd., 45. Beiheft.

Prenzel, M./Geiser, H./Langeheine, R./Lobemeier, K. (2003): Das naturwissenschaftliche Verständnis am Ende der Grundschule. In: W. Bos, E.-M. Lankes, M. Prenzel, K. Schwippert, G. Walther, R. Valtin (Hrsg.): Erste Ergebnisse aus IGLU. Münster.

Sjøberg, S. (2001): Science and technology in education – current challenges and possible solutions. University of Oslo, ILS.

Sodian, B. (1995): Entwicklung bereichsspezifischen Wissens. In: R. Oerter, L. Montada (Hrsg.): Entwicklungspsychologie. Weinheim, 622-653.

Sodian, B./Thoermer, C./Kircher, E./Grygier, P./Günther, J. (2002): Vermittlung von Wissenschaftsverständnis in der Grundschule. Z.f.Päd., 45. Beiheft, 192–206.
Soostmeyer, M. (1988): Zur Sache Sachunterricht. Begründung eines situations-, handlungs- und sachorientierten Unterrichts in der Grundschule. Frankfurt/M.
Spreckelsen, K. (1970): Naturwissenschaftlicher Unterricht in der Grundschule. Frankfurt/M.
Strunck, U./Lück, G./Demuth, R. (1998): Der naturwissenschaftliche Sachunterricht in Lehrplänen, Unterrichtsmaterialien und Schulpraxis – Eine quantitative Analyse der Entwicklung in den letzten 25 Jahren. Zeitschrift für Didaktik der Naturwissenschaften, 4 (1), 69–80.

Zusammenfassung der Diskussion (1)

(Marianne Krüger-Potratz)

Zu den Impulsreferaten von R. Valtin, W. Bos und M. Prenzel

In der Diskussion im Anschluss an die drei ersten Referate spielten – neben direkten Nachfragen zu Details der IGLU-Studie – vor allem folgende Fragen eine Rolle: (1) Anforderungen an die vorschulische Erziehung; (2) die Gestaltung des Übergangs von der Grundschule in die weiterführenden Schulen und Instrumente der Diagnose und Förderung; (3) Fragen der Chancengleichheit und der Neustrukturierung des Bildungssystems.

Die ersten Diskussionsbeiträge bezogen sich auf die vorschulische Erziehung und den Übergang in die Sekundarstufe I. Es wurde die Frage nach der Bedeutung des vorschulischen Angebots und der Ausbildung der Erzieherinnen und Erzieher gestellt. Eine spezifische Förderung der Kinder in Bezug auf das Lesen- und Schreibenlernen im Vorschulalter wurde aufgrund der in diesem Alter noch nicht abgeschlossenen kognitiven Entwicklung abgelehnt. Als Alternative wurde – unter Verweis auf finnische Erfahrungen – für eine ganzheitliche Förderung plädiert, welche die Kinder zunächst spielerisch und ohne Druck durch Vorlesen, Bilderbücher anschauen, Sprachspiele usw. mit der Schriftsprache vertraut mache, bevor sie selbst schreiben lernten. Das schlechte Abschneiden des deutschen Schulsystems bei der Leseförderung wurde außerdem darauf zurückgeführt, dass die Lesefähigkeit der Schülerinnen und Schüler nach der Grundschule nicht weiter gefördert würde. Problematisch sei auch, dass die Grundschule Prognosen darüber treffe, wie sich Schülerinnen und Schüler in Zukunft entwickelten, ohne über präzise Kenntnisse hinsichtlich der Anforderungen im Unterricht der weiterführenden Schulen zu verfügen (erläutert wurde dies auch am Beispiel Mathematik). Hierfür sei es dringend geboten, Diagnoseinstrumente zu entwickeln, die – vor aller Prognose – die Leistungen und Fähigkeiten der Schülerinnen und Schüler vor dem Übergang in die weiterführenden Schulen feststellten und die zugleich Hinweise auf mögliche Förderung umfassten. Ob sich aus den Schulleistungsstudien Anforderungen an die Lehrerbildung ableiten ließen, wurde bezweifelt; statt dessen – so wurde betont – sei es dringend an der Zeit, den Kompetenzaufbau bei Lehrkräften im Anschluss an Schulleistungsstudien zu untersuchen.

Ein weiterer Diskussionspunkt war die Frage der Chancengleichheit des deutschen Schulsystems in Zusammenhang mit der Selektionsfunktion. Betont wurde, dass auch die IGLU-Studie zeige, dass nicht nur die Frage des Migrationshintergrunds, sondern insbesondere soziale Ungleichheit eine entscheidende Rolle in Bezug auf Bildungsbeteiligung und Bildungserfolg spiele. Chancengleichheit wurde in der Diskussion in dem Sinne interpretiert, dass die Schule jeder Schülerin und jedem Schüler die gleichen Möglichkeiten eröffnen müsse, bestimmte Fähigkeiten zu entwickeln, unabhängig von sozialen Faktoren. Leistung sei hier immer noch der beste Maßstab, um dies festzustellen. Die Literacy-Ansätze führten hier in die richtige Richtung. Offen blieb, wie das Verhältnis von individueller Förderung und gemeinsamer Förderung zu gestalten sei.

Mit Blick auf die Realität der Schulen in Deutschland wurde jedoch konstatiert, dass noch immer nicht von Chancengleichheit (im obigen Sinne) die Rede sein könne, sondern dominant sei der Gedanke der Selektion. Dies zeige die hohe Zahl von Klassenwiederholungen, Zurückstellungen wie auch die Einschränkungen von Lernmöglichkeiten durch segregierende Maßnahmen. Um den Gedanken der Chancengleichheit zu stärken, müsse die Schule ihr Hauptaugenmerk nicht auf die Förderung der leistungsstarken Schülerinnen und Schüler richten, sondern darauf, dass alle Schülerinnen und Schüler ein bestimmtes (durchschnittliches) Niveau erreichen. Dies schloss die Kritik an den bestehenden Strukturen ein. Die Dreigliedrigkeit der weiterführenden Schulen (mit der Gesamtschule als vierter Säule) wirke segregierend und führe dazu, dass Förderung – wenn überhaupt – nur in der durch die Strukturen schon vorgegebenen Bahn erfolgen könne. Notwendig hingegen sei eine gezielte, adressatengerechte Förderung, die sich an den (möglichen) Bildungsgängen der einzelnen Schülerinnen und Schüler ausrichte.

Ein erster Schritt in die richtige Richtung müsse es daher sein, zumindest die Übergänge zwischen den verschiedenen Schulformen zu erleichtern und eine Schulöffnung „nach oben" zu etablieren, statt an der „radikalen Öffnung" nach unten festzuhalten. Schließlich könnten Prognosen über die Entwicklung von Schülerinnen und Schülern höchstens für einen Zeitraum von zwei Jahren getroffen werden. Verworfen wurde in diesem Zusammenhang die Idee, dass der Ausbau der Gesamtschule – aufgrund ihrer konfliktreichen Geschichte – eine Alternative zu der geforderten grundlegenden Neustrukturierung des dreigliedrigen Schulsystems darstellen könne. Dafür spreche auch, dass – ungeachtet aller Kritik im Detail und der Notwendigkeit weiterer Verbesserungen – die Grundschule zeige, dass es möglich sei, eine heterogene Schülerschaft erfolgreich zu unterrichten.

Friederike Heinzel

Was bedeutet IGLU für Konzepte der Lehrerbildung im Grundschulbereich?

Die in der Überschrift formulierte Frage ist eigentlich nicht zu beantworten, denn aus Untersuchungen wie IGLU oder PISA können keine normativen Forderungen für die Lehrerbildung abgeleitet werden. Allerdings können aus den bei IGLU ermittelten Problemen im Bereich der Lernleistung der Schülerinnen und Schüler einige Aufgaben für die Lehrerbildung ausfindig gemacht und geschlossen werden, dass Lehrerinnen und Lehrer im Rahmen der Lehrerbildung auf solche Anforderungen besser vorbereitet werden müssen.

Obgleich der Kausalschluss von den Leistungsmessungen und internationalen Leistungsvergleichen zur Lehrerbildung problematisch ist, wurden und werden die Ergebnisse von IGLU und PISA im bildungspolitisch geführten Diskurs immer wieder herangezogen, um auf Defizite hinzuweisen und notwendige Reformen und neue Konzepte in der Lehrerbildung zu begründen (Terhart 2002). So vermutete z.B. beim ersten Symposium „Lehrerbildung zwischen Reform und Neubildung" der Deutschen Gesellschaft für Erziehungswissenschaft (DGfE) vom 24.10.2002 in Berlin auch deren Vorsitzender Hans Merkens mit Blick auf die Ergebnisse von TIMSS, LAU und PISA – wie viele andere, die sich an der Diskussion beteiligten – dass die größten Versäumnisse in der bisherigen Ausbildung wahrscheinlich im vorschulischen Bereich und in der Grundschule zu verzeichnen seien (Merkens 2003, 13).

Nachdem die IGLU-Ergebnisse dann veröffentlicht wurden, änderten sich die Reaktionen. So titelte am 3. April 2003 die ZEIT als Reaktion auf die Ergebnisse: „Von klein auf geht's bergab. Deutsche Grundschüler schneiden in der IGLU-Studie passabel ab. Was machen die Schulen später falsch?" Und Wilfried Bos, der nationale Koordinator der IGLU-Studie, stellt im Interview fest: „Ohne IGLU könnten Politiker wie Praktiker weiterhin glauben, das PISA-Desaster habe seine Wurzeln in den Grundschulen" (E&W 5/2003, 10).

In diesem Beitrag soll die in der Überschrift aufgeworfene Frage in drei Schritten beantwortet werden. Zunächst werden ausgewählte IGLU-Ergebnisse aufgelistet und bewertet. Dann werden – mit Blick auf IGLU – Stärken und Schwächen gegenwärtiger Praxis erläutert und zwei Reformmodelle skizziert, die in unterschiedlicher Weise die Herausforderungen für eine wünschenswerte Lehrerbildung aufgreifen. Im letzten Schritt werden Aufgaben und Anforderungen für die Lehrerbildung formuliert.

1. Ausgewählte IGLU-Ergebnisse und Bewertung

An der IGLU-Untersuchung nahmen 147.000 Schüler und Schülerinnen aus 35 Staaten teil. Insgesamt erreichten die deutschen Grundschülerinnen und Grundschüler bessere Werte als nach PISA befürchtet worden war. Deutschland landet unter den 35 Teilnehmerstaaten auf einem passablen elften Rang. Deutsche Grundschüler gehören in den von IGLU getesteten Leistungen damit nach der Spitzengruppe Schweden, Holland und England zum oberen Mittelfeld.

Allerdings deuten die Untersuchungsergebnisse auf eine Reihe von Problemen an deutschen Grundschulen hin:

➢ Immerhin ein Drittel der Kinder verfügt am Ende ihrer vierjährigen Grundschulzeit nicht über ausreichende Lesekompetenzen für eine gute Schulerfolgsprognose in der Sekundarstufe (Bos u.a. 2003, 118, 135).
➢ Die höchste Kompetenzstufe bei IGLU erreichen in Deutschland nur 18% der getesteten Schülerinnen und Schüler (in England dagegen 30% und in Schweden 28%). Deutschland liegt hier im internationalen Vergleich nur im mittleren Bereich (ebd., 119).
➢ In Mathematik bringen etwa 20% der Kinder „erhebliche Defizite" u.a. im Rechnen und in der Anwendung von Mathematik in die Sekundarstufe mit (ebd., 223).
➢ Es zeigt sich eine deutliche Korrelation der Leistungen mit der sozialen Herkunft (ebd., 283).
➢ Die Übergangsempfehlung nach der vierten Grundschulklasse erscheint im Licht von IGLU problematisch (ebd., 132f.).
➢ Mädchen schneiden in den Naturwissenschaften und in Mathematik deutlich schlechter ab als Jungen (ebd., 175, 218, 286).
➢ Kinder mit Migrationshintergrund erzielen generell deutlich schlechtere Ergebnisse, besonders stark im Lesen, weniger stark in Mathematik (ebd., 285, 291).

Insgesamt weisen die Ergebnisse von IGLU sehr deutlich darauf hin, dass an deutschen Grundschulen die schwachen Schülerinnen und Schüler noch zu wenig gefördert und starke Schüler und Schülerinnen zu wenig gefordert werden. Konzepte der Lehrerbildung müssen dies berücksichtigen und Lehrerinnen und Lehrer befähigen, Lernstandsanalysen vorzunehmen, d.h. die pluralen Lernwirklichkeiten von Kindern zu beobachten, zu beschreiben, zu interpretieren und auf die Ergebnisse angemessen zu reagieren. Hierbei müssen Fähigkeiten zur Diagnose ausgebildet werden und zwar solche, die im Rahmen einer demokratischen, für Heterogenität aufmerksamen und vom Prinzip der Anerkennung bestimmten Pädagogik, Etikettierungen vermeiden (Prengel 2002).

Während die problematischen Ergebnisse nach PISA erwartet wurden, haben die positiven Ergebnisse von IGLU, die auf gute Ansätze und Erfolge der Arbeit von Lehrerinnen und Lehrern in der Grundschule verweisen, überrascht. Ich möchte wenige ausgewählte Ergebnisse aufzählen:

> Die Spreizung zwischen guten und schlechten Lesern ist am Ende der Grundschulzeit noch gering, während PISA bei den 15-Jährigen einen sehr großen Abstand gemessen hat.
> Das Ergebnis in den Naturwissenschaften fällt insgesamt günstig aus; auch in Mathematik ist es zumindest für den Durchschnitt und die obere Leistungsgruppe positiv.
> Die Lernmotivation der Kinder im Grundschulbereich ist hoch. Sie zeigten zum Ende der Grundschulzeit ein hohes Interesse an naturwissenschaftlichen und mathematischen Fragestellungen (Bos u.a.2003, 177, 219) und lesen auch noch gerne. Nur 20% der Kinder gaben an, außerhalb der Schule nie aus Freude zu lesen (ebd., 126). Bei PISA beträgt die Gruppe der lustlosen Leser dann 40%. Dies ist einer der weltweit schlechtesten Werte, was bedeutet, dass wohl nicht die Pubertät als Lebensphase verantwortlich zu machen ist, sondern die Wirkung der Pupertät in unserer Kultur bzw. der Umgang mit ihr an deutschen Schulen.
> Insgesamt legen die IGLU-Ergebnisse nahe, dass es der Sekundarschule dann nicht ausreichend gelingt, das relativ hohe Kompetenzniveau der Schülerinnen und Schüler weiterzuentwickeln (ebd. S. 182).

Ausdrücklich wird in IGLU darauf hingewiesen, dass auch Experten die Kompetenzen der deutschen Grundschulkinder unterschätzt haben (ebd., 118, 136), und diese Beobachtung wird wie folgt kommentiert: „Wenn Kinder am Ende der vierjährigen Grundschulzeit deutlich mehr leisten können, als ihnen die Bildungsexperten zutrauen, und wenn sie in den Sekundarschularten nicht angemessen weitergefördert werden – was zumindest die PISA-Ergebnisse nahe legen – dann mag der spekulative Gedanke erlaubt sein, dass etwas mehr pädagogischer Optimismus gepaart mit angemessenen Leistungserwartungen auch in Deutschland dazu führen könnte, dass – wie in anderen Industrienationen auch – ein erheblich größerer Anteil an Schülerinnen und Schülern qualifiziertere Schulabschlüsse als bisher erreicht" (ebd.,137).

Diese Einschätzung trifft sich mit meinen Beobachtungen zu Fehleinschätzungen moderner Kinder und Kindheit. Die sogenannte „Veränderte

Kindheit" war vor allem unter einer kulturpessimistischen Perspektive wahrgenommen und negativ besetzt. Kinder erscheinen – trotz viel differenzierterer Forschungsergebnisse noch immer – als Medienkinder, Konsumkinder oder Terminkinder. Allerdings ergaben verschiedene Untersuchungen, dass auch das Medien- und Freizeitverhalten von Kindern vielfältig ist und deutlich mit der sozialen Herkunft korreliert (Fölling-Albers 2001; Heinzel 2002).

Neben dem schlechten Ansehen der Kinder hat auch die Grundschule in Deutschland kein besonderes Renommee und steht an unterster Stufe in der Hierarchie der Lehrämter. Das geringe Ansehen des Lehramts an Grundschulen zeigt sich in der kürzeren Dauer des Studiums, beim geringeren Einkommen im Frauenberuf Grundschullehrerin, in den Hürden bei der Promotion oder auch der Unterfinanzierung der deutschen Grundschulen. In Deutschland wird die Arbeit mit jüngeren Kindern nicht genügend anerkannt, ganz anders als z.B. in Finnland, wo die finnische EU-Kommissarin Likanen als Erklärung der herausragenden finnischen PISA-Ergebnisse angab, dass hier „nur die Besten" Primarschullehrerinnen und Primarschullehrer werden wollen und können (Buchberger 2002).

Insgesamt geben die Ergebnisse von IGLU Anlass, gängige Annahmen in Frage zu stellen:

➢ Die Lernformen und Lernstile der Grundschule, ihre häufig gescholtene Kuschelpädagogik, scheinen leistungsfähiger als vermutet.
➢ Die Lehrerinnen und Lehrer an Grundschulen müssen von der Heterogenität ihrer Lerngruppen ausgehen und verfügen vermutlich deshalb über die meisten Erfahrungen an differenzierenden Lehrformen. Innovative Ansätze im Bereich der Differenzierung und Selbsttätigkeit könnten Modellcharakter für die weiterführenden Schulen mit ihren ebenfalls heterogenen Lerngruppen gewinnen.
➢ Grundschullehrerinnen und Grundschullehrer stehen durch das Klassenlehrer-Prinzip unter dem Anspruch „Allroundspezialisten" und Fachleute für Probleme von Kindern, für soziale Lernprozesse und auf Förderung gerichtete Diagnose sein zu müssen. Da dieser Anspruch kaum einzulösen ist, gibt es in der Grundschule vermutlich eine bessere Kooperationskultur z.B. zu SozialarbeiterInnen, LogopädInnen, PsychologInnen u.a.
➢ IGLU zeigt außerdem, dass eine Übergangsempfehlung für ein Kind im Alter von 10 Jahren nicht sicher zu geben ist. Auch deshalb sprechen die Ergebnisse von IGLU wie von PISA für ein längeres gemeinsames Lernen von Kindern.

Im Folgenden werden nun bestehende Ansätze der Grundschullehrausbildung sowie ausgewählte in Erprobung befindliche Modelle skizziert. Da davon ausgegangen wird, dass die IGLU-Ergebnisse auf positive und problematische Ansätze in der Grundschullehrerausbildung hinweisen, werden die alten und neuen Konzepte vor diesem Hintergrund analysiert.

2. Gegenwärtige Praxis und neue Konzepte

Insgesamt existieren in den 16 Bundesländern recht unterschiedliche Ausbildungsmodelle in der Grundschulpädagogik. Zu den Kernaufgaben der Grundschullehrerausbildung gehören die Bereiche Grundschulpädagogik und Grundschuldidaktik, Schriftspracherwerb, Mathematik der Grundschule sowie Sachunterricht. Da in der Grundschule das Klassenlehrerprinzip gilt, sind zudem eigentlich für alle Lehrerinnen und Lehrer Grundqualifikationen im ästhetischen und im motorischen Bereich notwendig. Ein typisches Merkmal des Grundschullehramtsstudiums ist die gegenüber anderen Lehrämtern meist höhere Zahl der Studienfächer. Eine Besonderheit ist das Studienfach „Sachunterricht", welches nicht als Universitätsfach vorhanden ist und teilweise aus mehreren Disziplinen zusammengetragen wird. Deutsch oder Mathematik sind obligatorische Fächer; in einigen Bundesländern (z.B. Sachsen-Anhalt) müssen beide Fächer studiert werden. In Hessen wird dies gerade ebenfalls diskutiert.

Es gibt viele Universitäten, in denen die große *Zersplitterung* der Grundschullehrerausbildung, die sich ja durch eine Vielfächerstruktur auszeichnet, zum Problem wird. Die Studierenden bewegen sich in sehr unterschiedlichen Fakultäten und müssen sich mit sehr verschiedenen Fachkulturen auseinandersetzen. Meist fehlen identitätsstiftende Orte für das Studium. Selbst die Studienanteile mit Stufenbezug werden in unterschiedlichen Fachbereichen belegt, z.B. in der Pädagogik bei den Professuren mit der Denomination „Erziehungswissenschaft mit dem Schwerpunkt Primarstufe" oder im Fachbereich Germanistik bei den Experten für Deutschdidaktik mit besonderen Kenntnissen im Bereich des Schriftspracherwerbs. Und Sachunterricht muss sogar an verschiedenen Fakultäten oder Fachbereichen (Geschichte, Geografie, Physik) studiert werden. Es hängt dann vom Zuschnitt und Einfluss der Erziehungs- oder Bildungswissenschaften, den Kooperationsbeziehungen oder dem Engagement Einzelner ab, ob es den Studierenden des Lehramts an Grundschulen zumindest ansatzweise gelingen kann, einen Zusammenhang im Studium zu erkennen und Ansätze einer professionellen Identität zu entwickeln. Ein weiteres Problem stellt dar, dass in manchen Bundesländern das Studium eines besonders ausgewählten Unterrichtsfaches viel zu wenig auf die Profession des Lehrers bzw. der Lehrerin bezogen ist.

Es gibt allerdings für das Lehramt an Grundschulen auch *Modelle*, in denen *Ausbildungsbestandteile enger aufeinander bezogen* sind und *Spezialwissen über den Anfangsunterricht in allen Fächern* vermittelt wird. Teilweise existiert das Studienfach Grundschulpädagogik oder Grundschuldidaktik anstelle eines zweiten Unterrichtsfaches. Im Rahmen verschiedener Professuren werden mehrere Bereiche aus dem Fächerspektrum der Grundschulpädagogik und -didaktik kombiniert (z.b. in Bayern oder Rheinland-Pfalz). In einigen Bundesländern gibt es „Institute für Grundschulpädagogik", in denen auch ein großer Teil der Fachstudien absolviert werden kann. Alle Teilgebiete werden von eigens eingerichteten Professuren vertreten (z.B. Potsdam, Leipzig, Halle). Es sind teilweise eigene Institute für Grundschulpädagogik vorhanden, die für die Studierenden eine Anlaufstelle bilden. Als besonders positiv gilt in diesen Modellen die Vermeidung der Zersplitterung des Grundschullehrerstudiums. Die Studierenden müssen ihre Fächeranteile nicht in verschiedenen Fachbereichen „zusammensammeln", was vermutlich zu einem besseren Selbstverständnis des Grundschullehrerberufs beiträgt und zu einer klareren Konzentration auf die Prozesse des Lehrens und Lernens im Grundschulalter. An einigen Universitäten wird auch versucht, die Zersplitterung durch Institutionen, welche die Kooperation übernehmen, zu überwinden (wie z.b. durch die Interdiziplinäre Arbeitsgruppe Grundschulpädagogik an der Universität Kassel).

Gerade in der Grundschullehrerausbildung gehören vielfältige *innovative hochschuldidaktische Formen der Praxisorientierung* in einer Reihe von Hochschulen bereits zum Alltag der Lehrerausbildung, wie Intensivpraktika, das integrative Eingangssemester, Patenschaften für Kinder, Lernbegleitung und Fallarbeit, forschendes Lernen und Lernwerkstätten. Außerdem ist die Ausbildung *förderdiagnostischer Kompetenz* ein zunehmend wichtiges Thema im Studium des Lehramts an Grundschulen. Die Lehre im Bereich der Grundschule orientiert sich zunehmend stärker an den Lernwegen und Verstehensprozessen von Kindern. Außerdem ergab meine Durchsicht von Vorlesungsverzeichnissen verschiedener Universitäten, dass das Thema „Integration, Heterogenität und Differenzierung" inzwischen ein typisches Grundschulthema zu sein scheint. Weiter fiel mir auf, dass über Kindheit, Kindheitsforschung und das Grundschulalter in der Grundschule und im Grundschulstudium nach wie vor sehr viel diskutiert wird.

Vor dem Hintergrund der IGLU-Ergebnisse erscheint die in der gegenwärtigen Praxis der Lehrerbildung bereits gut verankerte Auseinandersetzung mit Heterogenität, den Ergebnissen der Kindheitsforschung und dem Lernen im Grundschulalter besonders bedeutsam. Es ist außerdem davon auszugehen, dass das aufeinander bezogene, integrierte Studium mehrerer Fächer mit einem hohen Anteil der Bildungswissenschaften und Fachdidaktiken sowie die vielfältigen Formen der Einbindung reflektierter Praxis in das Studium, das Selbstverständnis und die professionelle Identität der Studierenden des Lehramts an Grundschulen stärkt und dazu beiträgt, dass sie ein besonderes

Interesse daran entwickeln, zu Expertinnen und Experten für das Lernen von Kindern ausgebildet zu werden.

Diese – vor dem Hintergrund der IGLU-Ergebnisse – positiv zu bewertenden Ansätze werden auch in den meisten Vorschlägen zur Neuordnung der Lehrerbildung aufgegriffen und teilweise verstärkt. Trotz vieler Unterschiede in Einzelfragen weisen die zahlreichen Stellungnahmen und Innovationsvorschläge in Richtung einer Erhöhung der pädagogischen Professionalität von Lehrerinnen und Lehrern mit einer grundlegenden reflexiven und verstehenden Kompetenz. Es wird davon ausgegangen, dass gerade die erziehungs- und sozialwissenschaftliche Auseinandersetzung mit pädagogischen Prozessen das professionelle, pädagogische Lehrerhandeln unterstützt. In einer Reihe von Vorschlägen wird entsprechend gefordert, dass die erziehungswissenschaftlichen Fächer oder sog. „Bildungswissenschaften" den Kern des Studiums bilden sollen, wobei der „Aufbau von Kerncurricula" empfohlen wird. Immer wieder wird auch herausgestellt, dass für alle Schulstufen und besonders für die Primarstufe, eine wissenschaftliche Fundierung der Lehrerausbildung unbedingt notwendig sei. Vorschläge, dass Grundschullehrer nur bis zum BA studieren sollen, d.h. eine abgestufte Zuerkennung von Professionalität, werden überwiegend abgelehnt. Hingegen wird in vielen Vorschlägen die Erhöhung der Studienzeit im Lehramt an Grundschulen auf acht Semester für notwendig gehalten. Ich werde kurz auf die Reform der Lehrerbildung in Bielefeld und geplante Veränderungen in Rheinland-Pfalz eingehen.

2.1 Reform der Lehrerbildung in Bielefeld

Die Universität Bielefeld hat Studiengänge für alle Formen der allgemeinbildenden Schulen entwickelt. Zwei Lehrämter werden unterschieden: das Lehramt an Grund-, Haupt- und Realschulen, wobei hier noch eine Zusatzqualifikation in Sonderpädagogik erworben werden kann, und das Lehramt an Gymnasien und Gesamtschulen. Für das Lehramt an Grund-, Haupt- und Realschulen sind im modularisierten Studium sechs Semester bis zum Abschluss des Bachelor und weitere zwei Semester bis zum Abschluss des Master vorgesehen. Durch die Stufung verspricht man sich in Bielefeld, dass die hierarchische Gliederung und Abgrenzung der Lehrämter aufgelöst werden kann (Hänsel, Miller, Tillmann 1999).

Während der BA-Phase muss für die Studierenden in Bielefeld die Entscheidung fallen, ob sie tatsächlich Lehrerinnen oder Lehrer werden möchten und für welche Schulform. Wählt man den Schulformschwerpunkt Grundschule, dann muss als eines der zu studierenden Fächer Deutsch oder Mathematik belegt werden. Wann Deutsch oder Mathematik studiert wird (im BA-Studiengang oder im MA-Studiengang) und in welchem Umfang (Kernfach oder Nebenfach), wird freigestellt. In allen Fällen muss das nicht gewählte der beiden Fächer Deutsch oder Mathematik durch ein didaktisches Grundlagenstudium abgedeckt werden. In Bielefeld ist das Studium modularisiert. Es sind hier im Studium der Erziehungswissenschaft als Nebenfach neben einem Einführungs- und Grundlagenmodul auch Profilmodule vorgesehen, welche Fallarbeit ermöglichen oder den Umgang mit Heterogenität zum Thema machen. Die Studierenden sollen stärker zu Experten für organisiertes Lernen und die allgemeine Bildung von Heranwachsenden qualifiziert werden.

In diesem – sehr flexiblen – Modell bleibt es der Entscheidung der Studierenden überlassen, welchen Stellenwert sie den erziehungswissenschaftlichen Anteilen im Studium einräumen. Studierende, die schon zu Studienbeginn sicher wissen, dass sie LehrerInnen werden wollen, können auch entsprechend entscheiden. Vor dem Hintergrund der IGLU-Ergebnisse ist besonders hervorzuheben, dass im Bielefelder Modell der Umgang mit Heterogenität und Fallarbeit als Module vorgesehen sind. Sinnvoll erscheint auch, dass theoretische Orientierung und pädagogisch-praktische Erfahrungen stärker aufeinander bezogen werden sollen. Durch die Flexiblisierung von Übergängen wird zwar eine Stärkung der professionellen Identität erwartet, es kann aber auch zu einem Verlust an Fachwissen über Lernprozesse im Kindesalter und einer geringeren Sensibilität für stufenbezogene Anforderungen kommen.

2.2 Eckpunkte für die Lehrerbildung in Rheinland-Pfalz

Die vom Ministerium für Wissenschaft, Weiterbildung, Forschung und Kultur in Rheinland-Pfalz seit 2002 diskutierten und in der Dialogphase befindlichen Eckpunkte der Lehrerbildung sehen vor, dass auf einem 6-semestrigen Bachelor der Master-Studiengang aufbaut, der für das Lehramt an Grundschulen 2 Semester beträgt (Saterdag 2003). Das Lehramt an Grund- und Hauptschulen wird getrennt. Das Bachelor-Studium soll im Umfang von 1/3 der Semesterwochenstunden auf die Schulart bezogen sein. Es umfasst ein fachwissenschaftliches Studium in zwei schulrelevanten Fächern mit schulartenübergreifenden und schulartenbezogenen Inhalten sowie das Studium der Bildungswissenschaften, wobei die Weiterentwicklung der Erziehungswissenschaften zu Bildungswissenschaften betont wird. Bildungswissenschaften und Fachdidaktiken werden deutlich ausgeweitet. Das Master-Studium erfolgt dann ausschließlich auf die Schulform bezogen. Für das gesamte Studium sind Kerncurricula zu erarbeiten. Eine Reihe von Praktika werden integriert und der Vorbereitungsdienst auf ein Jahr verkürzt, wobei eine Verzahnung mit den Studienseminaren erreicht werden soll. Die Umstellung soll im Zeitraum von 2005 bis 2008 erfolgen.

Die in Rheinland-Pfalz vorgelegten Eckpunkte der Lehrerbildung sind wie die meisten übrigen Vorschläge auf zwei Fächer hin ausgerichtet. Die Erhöhung der pädagogischen und fachdidaktischen Anteile sowie der von Beginn an vorhandene Schulartenbezug erscheint vor dem Hintergrund der IGLU-Ergebnisse sinnvoll. Das Lehramt an Grundschulen wird klarer profiliert und ein höherer Praxisbezug des Lehramtsstudiums ins Auge gefasst. Allerdings muss die inhaltliche Ausgestaltung an den einzelnen Universitäten abgewartet werden, um genauer bewerten zu können, ob den besonderen Anforderungen der Arbeit in den verschiedenen Schularten nun besser entsprochen werden kann.

Als positiv in beiden Modellen ist anzusehen, dass ein Studium von 8 Semestern für das universitäre Lehramtsstudium im Grundschulbereich für sinnvoll erachtet wird. Nach dem Erwerb des Masters ist damit auch eine Promotion möglich. Die skizzierten Vorschläge stellen eine Absage an solche Überlegungen dar, die Lehramtsstudiengänge für die Primar- und Sekundarstufe im Rahmen des BA-Studiums und die Erweiterung auf die Oberstufe (Sek II) im Rahmen eines MA-Programms zu organisieren.

3. Aufgaben für die Lehrerbildung vor dem Hintergrund der IGLU-Ergebnisse

Abschließend sollen nun noch einmal die wesentlichen Aspekte zusammengefasst werden, die sich aus den ersten beiden Teilen ergeben:

1. Die IGLU-Ergebnisse verweisen sehr deutlich darauf, dass in der Lehrerbildung die Forschungsergebnisse zur Heterogenität der Kinder zum Gegenstand gemacht und ein differenzierter und anerkennender Umgang mit Heterogenität gefördert werden muss.
2. Besonders die kulturelle und sprachliche Vielfalt an Grundschulen sowie die Verarbeitung von Migrationserfahrungen muss in der Lehrerbildung differenzierter und intensiver aufgegriffen werden, um der eklatanten Bildungsbenachteiligung von Kindern und Jugendlichen aus Migrationsfamilien entgegenzuwirken.
3. Die förderdiagnostischen Kompetenzen von Studierenden des Lehramts und von Lehrerinnen und Lehrern müssen erweitert werden – besonders ihre Befähigung, Lernstandsanalysen vorzunehmen.
4. Angesichts der Vielfalt von Lernbereichen und Fächern können Lehrerinnen und Lehrer an Grundschulen nicht in allen Fachgebieten Experten sein. Das Ziel müsste deshalb ein Unterrichten im Team sein. Erfah-

rungen mit Teamarbeit müssten bereits durch entsprechende Angebote an der Universität ermöglicht werden.
5. Die Vielfalt der notwendigen Qualifikationen im Bereich des Lehramts an Grundschulen legt nahe, dass nicht alles in einem Studium fundiert gelernt werden kann. Deshalb ist lebenslanges Lernen (inklusive Fort- und Weiterbildung) unverzichtbar, und es sollten entsprechende Qualifizierungssysteme geschaffen werden. Im universitären Studium müssen aber die theoretischen Konzepte zu Grunde gelegt werden, damit eine qualifizierte Fortbildung erfolgen kann.
6. Wesentlich erscheint im Übrigen die Einsicht, dass es sich bei der Lehrerbildung um ein Entwicklungsprojekt handelt (Oelkers 2001), welches auf der institutionellen wie der biografischen Ebene mit kontinuierlichen Lernerfahrungen verbunden werden muss. Deshalb ist die Auseinandersetzung mit Reformansätzen und die Herstellung von Offenheit für Reformen im Studium und in der Lehrerbildung notwendig.
7. Bereits bestehende Innovationen in der hochschuldidaktischen Praxisorientierung sollten weitergeführt und ausgebaut werden. So sollten Fallarbeit, Forschendes Lernen und reflexive Ansätze in der Lehrerbildung wesentliche Bestandteile des Hochschulunterrichts sein. In der Grundschulpädagogik liegen hierzu an vielen Universitäten interessante Vorschlägen vor (z.B. Marquardt-Mau 1996; Garlichs 2000).
8. Die Studienmotivation von Studierenden, deren Berufswunsch „Lehramt" bereits feststeht, muss aufrechterhalten werden. Deshalb sollte – wie in Bielefeld und Rheinland-Pfalz – eine grundständige und studienbegleitende Qualifizierung in den Erziehungs- und Bildungswissenschaften sowie in den Fachdidaktiken erfolgen. Außerdem erscheint eine Verstärkung der Praxisorientierung wie in Rheinland-Pfalz sinnvoll, wobei die kritische Auseinandersetzung mit Praxis im Mittelpunkt stehen muss.
9. Insgesamt wird eine differenzierte Auseinandersetzung mit der Altersgruppe der Grundschulkinder für notwendig gehalten. Lehrer und Lehrerinnen für die Primarstufe müssen über differenziertes Wissen zur Lebenswelt von Kindern verfügen und sollten zu Spezialisten für die Förderung und Moderation der Lernprozesse von Kindern ausgebildet werden.
10. Aus IGLU für die Lehrerbildung lernen – soweit dies vor dem Hintergrund der eingangs formulierten Bedenken überhaupt möglich ist – heißt nicht zuletzt: mehr pädagogischer Optimismus. Eine gute Lehrerausbildung erfordert deshalb auch Lerngruppen von überschaubarer Größe, Tutorienprogramme, studienbegleitende Prüfungsanteile sowie die Zusammenfassung von Lehrveranstaltungen zu sinnvollen Einheiten mit Vertiefungsmöglichkeiten. Dies allerdings ist nur möglich, wenn die politische Bereitschaft vorhanden ist, stärker in die Lehrerbildung zu investieren.

Literatur

Buchberger, F. (2002): Anmerkungen zu Innovationen der LehrerInnenbildung in europäischen Ländern. Hauptvortrag beim „Forum Lehrerbild – Qualität und Professionalisierung: Reformansätze im europäischen Kontext", Westfälische Wilhelms-Universität Münster, 8.Oktober 2002, (www.palinz.ac.at/team/homepage/BuchbergerF/ARMuensterFinal.htm, 04.05.2003).

Bos, W./Lankes, E.-M./Prenzel, M./Schwippert, K./Walther, G./Valtin, R. (Hrsg.) (2003): Erste Ergebnisse aus IGLU. Schülerleistungen am Ende der vierten Jahrgangsstufe im internationalen Vergleich. Münster, New York, München, Berlin.

E&W/Erziehung und Wissenschaft (2003): Zeitschrift der Bildungsgewerkschaft GEW, Heft 5.

Garlichs, A. (2000): Schüler verstehen lernen. Das Kasseler Schülerhilfeprojekt im Rahmen einer reformorientierten Lehrerausbildung. Donauwöth.

Fölling-Albers, M. (2001): Veränderte Kindheit – revisited. Konzepte und Ergebnisse sozialwissenschaftlicher Kindheitsforschung der vergangenen Jahre. In: M. Fölling-Albers u. a. (Hrsg.): Kindheitsforschung, Forschung zum Sachunterricht. Jahrbuch Grundschule III. Fragen der Praxis – Befunde der Forschung. Beiträge zur Reform der Grundschule. Arbeitskreis Grundschule. Seelze, 10-51.

Hänsel, D./ Miller, S./ Tillmann, K.-J. (1999): Zur Reform der Lehrerbildung an der Universität Bielefeld. (www.zfl.uni-bielefeld.de/bielefelder-modell/allgemeines/-bi-dokumente/Archiv, 04.05.2003).

Heinzel, F. (2002): Kindheit und Grundschule. In: H.-H. Krüger, C. Grunert (Hrsg): Handbuch der Kindheits- und Jugendforschung. Opladen, 541-565.

Marquard-Mau, B. u.a. (Hrsg.) (1996): Lehrerbildung Sachunterricht. Bad Heilbrunn.

Merkens, H. (2003): Lehrerbildung in der Diskussion: Kriterien und Eckpunkte für eine Neuordnung. In: H. Merkens (Hrsg.): Lehrerbildung in der Diskussion. Schriften der Deutschen Gesellschaft für Erziehungswissenschaft. Opladen, 9-22.

Oelkers, J. (2001): Welche Zukunft hat die Lehrerbildung. In: Z.f.Päd., 43. Beiheft, 151-164.

Prengel, A. (2002): "Ohne Angst verschieden sein?" – Mehrperspektivistische Anerkennung von Schulleistungen in einer Pädagogik der Vielfalt. In: B. Hafeneger, P. Henkenborg, A. Scherr (Hrsg.): Pädagogik der Anerkennung – Grundlagen, Konzepte, Praxisfelder. Schwalbach, 203-221.

Saterdag, H. (2003): Für Professionalität und Praxisbezug der Lehrerbildung. Das Duale Studien- und Ausbildungskonzept des Landes Rheinland-Pfalz. In: H. Merkens (Hrsg.): Lehrerbildung in der Diskussion. Schriften der Deutschen Gesellschaft für Erziehungswissenschaft. Opladen, 57-74.

Terhart, E. (2002): Nach PISA. Bildungsqualität entwickeln. Hamburg.

Kornelia Möller

Naturwissenschaftliches Lernen in der Grundschule – Welche Kompetenzen brauchen Grundschullehrkräfte?

1. Naturwissenschaftliche Grundbildung im Sachunterricht der Grundschule

In Deutschland ist der Sachunterricht in der Grundschule das Schulfach, in dem naturwissenschaftliche Bildung „grundgelegt" werden soll. Allerdings umfasst der Sachunterricht neben dem naturwissenschaftlichen Lernbereich noch ein weites Spektrum an Sachfeldern aus den Bereichen der Geographie, Geschichte, Sozialwissenschaften und Technik, das ebenso berücksichtigt werden muss. Obwohl sich der Sachunterricht nicht als ein Additivum aus verschiedenen Sachfächern versteht, finden die Belange der Sachfächer Berücksichtigung im Sachunterricht. Der kürzlich erschienene Perspektivrahmen Sachunterricht, der von der Gesellschaft für Didaktik des Sachunterrichts (GDSU) veröffentlicht wurde, nimmt hierzu klar Stellung: „Die spezielle Aufgabe des Sachunterrichts ist es, Schülerinnen und Schülern dabei zu helfen, sich die natürliche, soziale und technisch gestaltete Umwelt bildungswirksam zu erschließen und dabei auch Grundlagen für den Fachunterricht an weiterführenden Schulen zu legen" (GDSU 2002, 2). Ein auf diese Weise begründeter Sachunterricht soll sicherstellen, dass Grundschulunterricht ein relevantes und anschlussfähiges Wissen für weiterführendes Lernen bereitstellt, das Erlernte aber auch von den Kindern als sinnvoll und erschließend erlebt werden kann (Stern, Möller i.D.). Kompetenzen, Ziele und Inhalte, die zur Grundlegung naturwissenschaftlichen Wissens und zur Erschließung der natürlichen Umwelt als notwendig erachtet werden, sind in der naturbezogenen Perspektive des Sachunterrichts beschrieben (GDSU 2002).

Die Forderung, bereits in der Grundschule naturwissenschaftliche Verfahren und Inhalte zu bearbeiten, existiert in Deutschland schon seit Ende der 60er Jahre. Empfehlungen des Strukturplans des Deutschen Bildungsrates bildeten den Hintergrund für die Entwicklung von Curricula, die sich an amerikanischen Vorbildern orientierten. Während diese Ziele durch ausgesprochen differenzierte Spiralcurricula systematisch verfolgt wurden, gelang es nicht, die Lernbedürfnisse, Denkweisen und Alltagserfahrungen von Grundschulkindern dabei angemessen zu berücksichtigen. Die Vernachlässigung der Perspektive des lernenden Kindes war deshalb einer der Hauptkritikpunkte an den frühen naturwissenschaftlichen Curricula (Soostmeyer 1988). Aber auch das Ziel, weiterführendes Lernen vorzubereiten, wurde im Hinblick auf begriffliches Fachwissen nicht erreicht. So kamen internationale Untersuchungen zu dem Urteil, dass die Bemühung, begriffliches Fachwissen zu vermitteln, als misslungen gelten musste (Lauterbach 1992, 205). Verstehendes Lernen, ein wichtiges Ziel des Sachunterrichts (Köhnlein 1999), wurde auf diesem Wege nicht erreicht.

Das Scheitern der sog. wissenschaftsorientierten Ansätze zum naturwissenschaftlichen Sachunterricht in den siebziger Jahren führte in der Folgezeit zu einer Pendelbewegung mit einer Hinwendung zu lebensweltorientierten Ansätzen. Viele der Anfang der 70er Jahre implementierten naturwissenschaftlichen Inhalte verschwanden wieder aus den Lehrplänen (Köhnlein 1984).

International ist heute die Grundlegung naturwissenschaftlicher Bildung in der Grundschule unumstritten. So gibt es z.B. in den USA, England und Kanada inzwischen detaillierte Curricula, die einen anspruchsvollen und teilweise sehr systematisch aufgebauten naturwissenschaftlichen Unterricht anstreben (z.B. Council of Ministers of Education 1997, National Research Council 1996). In Deutschland findet derzeit in einigen Bundesländern vor dem Hintergrund der Diskussionen um TIMSS und PISA eine Trendwende statt. Entsprechend den Vorschlägen der Gesellschaft für Didaktik des Sachunterrichts (GDSU) gliedert zum Beispiel der neue nordrhein-westfälische Lehrplan den Sachunterricht in fünf Perspektivfelder; das naturwissenschaftliche Perspektivfeld ist eines davon. In diesem Perspektivfeld werden verpflichtende Themenbereiche mit Bezug zu den Fächern Biologie, Chemie und Physik benannt.

2. Zur Verbreitung des naturwissenschaftlichen Unterrichts in deutschen Grundschulen

Strunck, Lück und Demuth führten 1998 eine umfassende Analyse der deutschen Lehrpläne über einen Zeitraum von 1974 bis 1998 im Hinblick auf die vorhandenen fachbezogenen Anteile durch. Für die Fächer Physik, Chemie und Technik weisen sie nach, dass seit den 80er Jahren ein ständiger Rückgang dieser Fachanteile zu verzeichnen ist, physikalisch und chemisch akzentuierte Themen in den Lehrplänen heute nur noch eine Randerscheinung darstellen und in einigen Bundesländern völlig fehlen (vgl. Abb. 1).

In ähnlicher Weise untersuchte Einsiedler 1998 die inhaltlichen Bereiche der amtlichen Lehrpläne aller Bundesländer für die Klassenstufen 1/2 und 3/4. Seine Ergebnisse stimmen im Wesentlichen mit denen von Strunck et al. (1999) überein. Als bedenklich formuliert Einsiedler, dass die Biologie 60% aller naturwissenschaftlichen Inhalte umfasst und das bei weitem umfangreichste Themengebiet im Sachunterricht darstellt, während Themen aus Physik/Chemie/Technik deutlich unterrepräsentiert sind (vgl. Abb. 2). Wie

Strunck et al. stellt Einsiedler große länderspezifische Unterschiede fest; in einigen Ländern fehlen Themen aus der unbelebten Natur völlig (Einsiedler 2002, 35).

Abb. 1: Gesamtanteil chemischer, physikalischer und technischer Themen in den Lehrplänen von 1970 –1998*

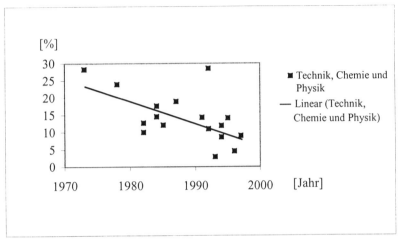

* (nach Strunck et al. 1999, 30)

Weiterhin bestätigt eine detailreiche Schulbuchanalyse von Sachunterrichtsthemen für den Zeitraum von 1970 bis 2000 (Blaseio 2002) den deutlichen Rückgang an physikalischen und chemischen Inhalten bei einem gleichbleibend hohen Verbreitungsniveau der geographischen und biologischen Inhalte (vgl. Abb. 3).

Die Dominanz erdkundlicher und biologischer Themen im Sachunterricht wird auch durch Klassenbuchanalysen von Strunck et al. (1998) und Breitschuh (1997) belegt. Während Erdkunde und Biologie mit über 50% den größten Anteil im Unterricht einnehmen, wobei die Lehrplanvorgaben weit überschritten werden, erreichen physikalische und technische Themen zusammen nicht einmal 10% der Themen, wobei die Lehrplanvorgaben unterschritten werden. In einigen der untersuchten Klassen wurde der Lehrplan schlicht ignoriert – der Anteil an Physik/Technik betrug hier 0%. Einsiedler resümiert, dass „Fachanteile des Sachunterrichts fast beliebig unterrichtet werden, ausschlaggebend sind anscheinend subjektive Interessen der jeweiligen Lehrkräfte. Die Streuungszahlen verweisen auf eine gewisse Konzeptionslosigkeit und auf ziemlich willkürliche Einstellungen gegenüber dem Sachunterricht" (2002, 32).

Abb. 2: Häufigkeit fachlicher Themen in 16 deutschen Lehrplänen aus dem Jahre 1998 (3/4 Klasse) bei insgesamt 10 Themen*

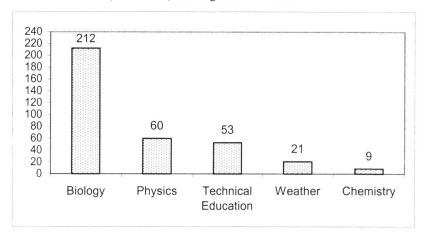

* (nach Einsiedler 2002, 3; Die übrigen Themen verteilen sich auf die Bereiche Social Learning, Geography, Health Education, History, Economic Education.)

Abb. 3: Anteile der naturwissenschaftlich orientierten Inhaltsbereiche des Sachunterrichts am Gesamtanteil der Inhalte in deutschen Schulbüchern* (nach Blaseio 2002)

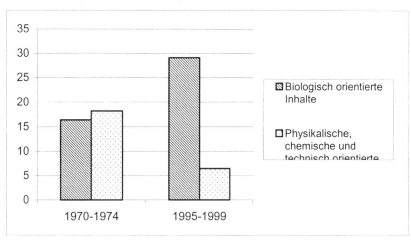

* (nach Blaseio 2002)

Als Fazit lässt sich festhalten, dass die Situation der naturwissenschaftlichen Grundbildung im Sachunterricht deutscher Grundschulen differenziert betrachtet werden muss. Alle Untersuchungsergebnisse weisen auf eine überproportionale Präsenz biologischer Themen hin, während Aspekte aus den Fächern Physik, Chemie und Technik deutlich unterrepräsentiert sind und zudem einer starken Streuung in Abhängigkeit von der unterrichtenden Lehrperson unterliegen.

3. Naturwissenschaftsleistungen an deutschen Grundschulen – erhoben in IGLU-E

Vor dem Hintergrund der Präferenz biologischer Themen im naturwissenschaftlichen Sachunterricht der Grundschule sollen im Folgenden die vorgelegten ersten Ergebnisse aus der IGLU-E-Studie (Prenzel et al. 2003) reflektiert werden.

3.1 Welche Items liegen dem TIMSS-Ranking in IGLU-E zugrunde?

- Zum internationalen Vergleich der Naturwissenschaftsleistungen deutscher Grundschüler:

Dem internationalen Ranking der Naturwissenschaftsleistungen deutscher Grundschulen liegt ein Vergleich der IGLU-E-Ergebnisse mit der 1995 durchgeführten internationalen TIMSS-Grundschulerhebung zugrunde. Basis des Vergleichs sind 24 Items aus der damaligen TIMSS-Erhebung, die mit Unterstützung der österreichischen Arbeitsgruppe in deutscher Version verwendet werden konnten. Aus diesem Itempool stammen auch die zehn Ankeritems, die in jedem Testheft eingesetzt wurden. Die übrigen 25 Items des IGLU-E-Testes Naturwissenschaften stammen aus der Crosstel-Untersuchung (15 Items) und aus einer Untersuchung der Arbeitsgruppe von Einsiedler aus dem Jahre 1976 (10 Items) (Prenzel et al. 2003, 154). Während die Gesamtheit der IGLU-E-Items überwiegend (mit fast 60%) auf den Bereich Physik und Chemie entfällt (Prenzel et al. 2003, 154), befinden sich nach meiner Einschätzung unter den für das TIMSS-Ranking herangezogenen 24 Items lediglich vier physikalisch/chemische Items; das entspricht einem Prozentsatz von ca. 17% der zum Ranking herangezogenen Items. Der überwiegende Teil der Items stammt aus dem biologischen Bereich (ca. 80%).
Es sollte daher bei der Einschätzung der Ranking-Ergebnisse berücksichtigt werden, dass sich das Ranking überwiegend auf gemessene Kompetenzen im biologischen Bereich bezieht. Der sicherlich erfreuliche sechste Platz, den Deutschland unter Beachtung der von den Autoren genann-

ten Einschränkungen im internationalen Vergleich einnimmt, sollte deshalb vorsichtig interpretiert werden. Dasselbe gilt auch für die Interpretation der Kompetenzstufen, die im TIMSS-Ranking erreicht wurden; auch diese beziehen sich entsprechend nur zu einem äußerst geringen Anteil auf die harten Naturwissenschaften. Bedenkt man, dass in der deutschen Grundschule biologische Themen einen auffällig breiten Raum im Unterricht einnehmen, so erscheinen die im internationalen Vergleich relativ guten Leistungen deutscher Schüler weniger überraschend. Es überrascht auch nicht, dass den 24 TIMSS-Items als Ergebnis einer Expertenbefragung die größte explizite Lehrplanvalidität zugesprochen wurde (vgl. Prenzel et al. 2003, 161).

- Ländervergleiche TIMSS/PISA:

Vergleicht man den 6. Rang, den Deutschland im Grundschulranking eingenommen hat, mit den PISA-Ergebnissen (Prenzel et al. 2001), in denen Deutschland weit unter dem internationalen Durchschnitt lag, so liegt die Vermutung nahe, dass die deutschen Schüler nach relativ guten Leistungen am Ende der Grundschulzeit nach der Grundschule keine großen Fortschritte (in Relation zu anderen Ländern) mehr machen (Prenzel et al. 2003, 171). Da allerdings dem TIMSS-Grundschulranking überwiegend biologische Items zugrunde lagen, in der PISA-Studie biologische Items aber nur 35% einnahmen, physikalisch/chemische Items dagegen mit 40% vertreten waren (Prenzel et al. 2001, 202), sollte auch diese Vermutung relativiert werden. Es kann nicht ausgeschlossen werden, dass Rangplatzunterschiede im Ranking der Sekundarstufe und der Grundschule durch eine nicht vergleichbare Testbasis mitbeeinflusst werden.

- Geschlechtsspezifische Differenzen:

Auf dem Hintergrund der Dominanz biologischer Items im TIMSS-Itempool ist noch ein weiteres Ergebnis der Studie bemerkenswert: Auf der mit TIMSS verknüpften Skala erreichten die Jungen einen Mittelwert von 567, die Mädchen einen Mittelwert von 552 Punkten. Die Differenz macht auf erhebliche geschlechtsspezifische Unterschiede aufmerksam; diese zeigen sich auch bei der Zuordnung der Testleistungen zu Kompetenzstufen, da die Jungen in den höheren Kompetenzstufen, die Mädchen hingegen in den unteren überrepräsentiert sind (Prenzel et al. 2003, 175). Entgegen anderer Befunde, wonach sich die geschlechtsspezifischen Unterschiede verringern oder sogar aufheben, wenn biologische Kompetenz getestet wird (Prenzel et al. 2003, 175), zeigen sich beim TIMSS-Ranking der Leistungen deutscher Grundschüler deutliche Geschlechtsunterschiede, obwohl der Inhalt der TIMMS-Items überwiegend dem biologischen Bereich zuzuordnen ist. Es ist anzunehmen, dass die festgestellten

Geschlechterdifferenzen bei einer angemessenen Berücksichtigung der physikalischen und chemischen Bereiche noch deutlicher ausgefallen wären. Der Forderung der Autoren, dass der Sachunterricht eine besondere Herausforderung darin finden könnte, die Entwicklung naturwissenschaftlicher Kompetenz an den Schülerinnen orientiert zu unterstützen, kommt deshalb große Bedeutung zu.

Insgesamt bleibt festzuhalten, dass diejenigen Ergebnisse der IGLU-E Studie zum naturwissenschaftlichen Verständnis, die sich auf den spezifischen TIMSS-Itempool beziehen – hierzu gehören Aussagen zum Ranking, zu erreichten Kompetenzstufen im internationalen Vergleich, zu Geschlechterdifferenzen wie auch Vergleichsaussagen zu entsprechenden Sekundarstufenmessungen – bei weiteren Auswertungen vor dem inhaltlichen Hintergrund der dem Ranking zugrundeliegenden Items diskutiert werden sollten. Entsprechend sollten Folgerungen, nach denen in Deutschland im Grundschulbereich keine Hinweise auf mehr oder weniger ausgeprägte Leistungsdefizite zu finden seien (Prenzel et al. 2003, 171), vor dem Hintergrund der Überrepräsentanz biologischer Items in dem der Vergleichsmessung zugrundeliegenden Itempool relativiert werden.

3.2 Wo erwerben Grundschulkinder in Deutschland naturwissenschaftliche Kompetenzen?

Die Autoren des IGLU-E Berichtes zum naturwissenschaftlichen Verständnis weisen ausdrücklich darauf hin, dass nur 36,4% der IGLU-E Items einen expliziten Lehrplanbezug aufweisen. Knapp unter 30% lag der Anteil der Items, für die ein Lehrplanbezug im Expertenrating explizit verneint wurde; bei den Crosstel Items, die sich überwiegend auf den physikalisch/chemischen Bereich bezogen, betrug der explizit verneinte Lehrplanbezug sogar nahezu 40%. Diese relativ geringe Lehrplanvalidität ist vermutlich darauf zurückzuführen, dass im überwiegenden Teil der an der Studie beteiligten Länder in den Lehrplänen keine Inhalte, sondern lediglich grob umrissene Themenbereiche als verbindlich vorgegeben werden (Prenzel et al. 2003, 161).

Was also hat IGLU-E Naturwissenschaften gemessen? Die Autoren des Ergebnisberichts weisen nachdrücklich darauf hin, dass beträchtliche Teile des getesteten Wissens somit nicht Bestandteile der amtlichen Lehrpläne sind und die Frage offen bleibt, an welchen Orten die gemessene naturwissenschaftliche Kompetenz erworben wird (Prenzel et al. 2003, 180f.). Sie vermuten, dass ein erheblicher Teil der naturwissenschaftlichen Kompetenz außerhalb der Schule, in Elternhäusern, über die Medien oder im Spiel angeeignet wird (ebd., 182). Da die Autoren ebenfalls einen ausgeprägten Zusammenhang zwischen sozialer Herkunft und naturwissenschaftlicher Kompetenz festgestellt haben, stellt sich für die Grundschule die Aufgabe, stärker als bisher kompensatorisch zu wirken. Dieses gilt insbesondere für die auf den unteren Kompetenzstufen überrepräsentierten Gruppen der Mädchen, der Migrantenkinder und der Kinder aus unteren Sozialschichten. Insgesamt schöpfe die Grundschule das vorhandene Potential zum naturwissenschaftlichem Lernen nicht genügend aus (Prenzel et al. 2003, 175, 176).

4. Naturwissenschaftliches Lernen in der Grundschule: Welche Anforderungen werden an die Lehrkraft gestellt?

Die Ergebnisse der IGLU-E-Studie Naturwissenschaften verweisen auf die Bedeutung schulischen Lernens. Dieses gilt es zu fördern mit dem Ziel, naturwissenschaftliches Verständnis in allen naturwissenschaftlichen Bereichen aufzubauen – unabhängig von sozialen Schichten und von Vorerfahrungen der Kinder.

4.1 Bedingungen schulischen Lernens im naturwissenschaftlichen Sachunterricht der Grundschule

Die aus Piagets Theorie abgeleitete Vorstellung vom konkret-operational denkenden Grundschulkind hat die Auswahl schulischer Inhalte für die Grundschule bisher stark beeinflusst. Physikalisch-technische Inhalte wurden bisher, wenn überhaupt, häufig auf einer phänomenorientierten, handlungsnahen Ebene im Sachunterricht der Grundschule thematisiert, die Förderung anspruchsvoller kognitiver Konzepte wurde dagegen mit Verweis auf die noch begrenzten Denkfähigkeiten der Kinder vernachlässigt. In Bezug auf das naturwissenschaftliche Denken konnte aber inzwischen belegt werden, dass bereits Grundschulkinder in inhaltsreichen Wissensdomänen zu kausalem und schlussfolgerndem Denken in der Lage sind und kohärente und gehaltvolle Theorien zu naturwissenschaftlichen Phänomenen entwickeln können (Bullock, Ziegler 1999; Schrempp, Sodian 1999; Sodian 1995; Stern 2002). Auch Untersuchungen, die didaktische Ansätze zum genetischen Lernen aufgreifen, zeigen, dass Grundschulkinder – mit durchgängig hoher Motivation – bei angemessener Unterstützung bereits ein Verständnis aufbauen können, das im Vergleich zu ihrem intuitiven Wissen eine Weiterentwicklung in Richtung wissenschaftlicher Konzepte darstellt (Thiel 1990; Soostmeyer 1988; Möller 1991; Köhnlein 1999). Entsprechende Ergebnisse lieferte auch unsere im BIQUA-Schwerpunktprogramm angesiedelte Schulstudie: Wir konnten zeigen, dass Kinder, auch die extrem leistungsschwachen Kinder und die Gruppe der Mädchen, in einer anspruchsvollen physikalischen Domäne, dem Bereich „Schwimmen und Sinken", konzeptuelles Verständnis entwickeln, indem sie nicht belastbare Vorstellungen abbauen und wissenschaftsnahe Vorstellungen aufbauen (Möller et al. 2002). Eine frühe Förderung anspruchsvollen naturwissenschaftlichen Denkens scheint unter bestimmten Bedingungen daher möglich. Auch motivational stehen Grundschulkinder naturwissenschaftlichen Themen aufgeschlossen gegenüber, was sowohl die IGLU-E-Ergebnisse (Prenzel 2003, 177) wie auch Ergebnisse aus unserer Schulstudie (Blumberg et al. 2003) zeigen.

Konsensfähig ist heute ein problemorientierter und auf entdeckendes und handlungsintensives Lernen ausgerichteter naturwissenschaftlicher Sachunterricht (Köhnlein 1984; Thiel 1990; Soostmeyer 2002; Spreckelsen 1997; Möller 2001). Der Unterricht beschränkt sich nicht auf die Erarbeitung von Fachwissen; vielmehr sollen Schüler Phänomene ihrer Umwelt verstehen lernen, Interesse an Naturwissenschaften entwickeln, naturwissenschaftliche Verfahren und Denkweisen erlernen und das Wesen der Naturwissenschaften zumindest ansatzweise kennen lernen – Ziele, die mit dem Verständnis von scientific literacy vereinbar sind und über enge Fachgrenzen hinausweisen.

4.2 Anforderungen an die Lehrkraft in einem verständnisfördernden Unterricht

Voraussetzung für einen verständnisfördernden Unterricht scheint zu sein, dass der Unterricht die Vorerfahrungen der Schüler aufgreift und Möglichkeiten zum experimentellen Tun wie auch zum Umstrukturieren von Konzepten gibt. Ein solcher Unterricht geht von einem konstruktivistisch orientierten Lernverständnis aus und ist konzeptwechselfördernd angelegt (Dubs 1997; Duit 1999). Konzeptwechselfördernde Lernumgebungen auf der Basis konstruktivistischer Sichtweisen des Lernens sind von folgenden Merkmalen geprägt (Jonen et al. 2003):

- Ein Unterricht, der aktive Umstrukturierungsprozesse intendiert, sollte erfahrungsorientiert sein und die Vorerfahrungen, Vorkenntnisse und Erklärungen der Lernenden aufgreifen.
- Die Kinder müssen selbst explorierend mit Materialien umgehen und experimentieren.
- Zeiten und Räume für den intensiven Austausch und die Diskussion sollten das gemeinsame Aushandeln von Erklärungen ermöglichen und anregen.
- Materialien und Impulse sollten so gewählt sein, dass ggf. kognitive Konflikte erfahren werden können und dass entwickelte Erklärungen immer wieder in neuen Kontexten angewendet werden, die möglichst lebensweltnah sind.
- Die Schülerinnen und Schüler sollten immer wieder zum Begründen, Weiterdenken, Vergleichen, Anwenden und Zusammenfassen angeregt werden.
- Metakognitive Prozesse spielen eine wichtige Rolle und müssen gerade im Grundschulbereich gefördert werden.

- Ein hoher Grad der Selbststeuerung begünstigt motivationale Faktoren und ermöglicht individuelle, für die verschiedenen Vorerfahrungen angemessene Lernwege.

Nach diesen Merkmalen konstruierte Lehr-Lernumgebungen stellen hohe kognitive Anforderungen an die Lernenden. Forschungsbefunde haben gezeigt, dass eine zu große Komplexität von Lernsituationen wie auch ein zu großes Ausmaß an Selbststeuerung unter Umständen zu Problemen führen können (Weinert 1996; Stark et al. 1998; Möller et al. 2002). Deshalb wird in der Literatur eine Balance von Selbststeuerung und Komplexitätsreduktion durch Strukturierung gefordert (Friedrich, Mandl 1997). Auch Untersuchungen zur Unterrichtsqualität weisen auf einen optimalen Grad der Strukturierung als wichtiges Indiz für Unterrichtsqualität hin (Gruehn 1995). Der Grad der erforderlichen Strukturierung hängt dabei von den Lernvoraussetzungen der Schüler und dem zu lernenden Inhalt ab. Einsiedler (1996) und Lipowsky (2002) weisen besonders für den Grundschulbereich auf die Notwendigkeit von Strukturierungshilfen hin, da in stark selbstgesteuerten und wenig strukturierten Lernumgebungen häufig das Niveau der kognitiven Verarbeitung gering ist. Dies gilt insbesondere für Lernende mit geringem, wenig strukturiertem und intuitivem Vorwissen in Inhaltsbereichen, für die nur wenige Lernstrategien bereit stehen.

Welche Anforderungen stellt ein solcher schüler- und verständnisorientierter Unterricht in anspruchsvollen Inhaltsbereichen an die Lehrkraft? Einerseits soll die Lehrkraft durch einen schülerorientierten Unterricht Möglichkeiten für selbstgesteuerte, individuelle Lernwege eröffnen. Andererseits sind bei komplexen Themenbereichen, die Konzeptveränderungen erfordern, strukturierende Maßnahmen der Lehrkraft erforderlich, um die Elaboration von Wissen zu ermöglichen.

Die in der Literatur im Zusammenhang mit konstruktivistisch orientierten Lerntheorien häufig beschriebene Rolle des Lehrers als die eines Beraters und Begleiters von Lernprozessen, die durch eine schülerbezogene Grundhaltung, einen sozial-integrativen Führungsstil und durch didaktische Zurückhaltung gekennzeichnet ist (Reichen 1991), ist deshalb durch kognitiv aktivierende Lehrformen im Sinne eines Anregens, Pertubierens und Strukturierens zu erweitern. Dabei hat die Lehrkraft die Aufgabe, eine sachliche Analyse des Themas vorzunehmen, den Lernstand der Kinder im Hinblick auf ihre Alltagsvorstellungen, auf Interessen und Vorerfahrungen hin zu untersuchen, mögliche Zugänge für Kinder, mögliche Lernschwierigkeiten und Freiräume für selbständiges Lernen zu identifizieren, Aufgaben und Materialien, die den Aufbau konzeptuellen Wissens ermöglichen, auszuwählen und das Unterrichtsthema zu strukturieren. Neben der zeitlichen und räumlichen Organisation der Lehr-Lernprozesse kommt einer strukturierenden Gesprächsführung im Unterricht eine besondere Bedeutung zu (Möller et al. 2002): Die Lehrkraft fordert zum Mitteilen von Erfahrungen, Beobachtungen und Vermutungen auf, lässt diese festhalten, fordert Begründungen ein, macht auf interessante Phänomene und abweichende Meinungen aufmerksam, hinterfragt Deutungen, gibt Impulse zur Überprüfung von Vermutungen, zur Klärung von Widersprüchen, zur Strukturierung, zur Verallgemeinerung und Integration des Wissens und schafft Gelegenheiten, das erworbene Wissen vor dem Hintergrund von Alltagsvorstellungen zu reflektieren und in vielfältigen Anwendungszusammenhängen zu testen.

Lehrkräfte benötigen also allgemeindidaktische und lernpsychologische Kenntnisse wie auch fachliche und fachdidaktische Kenntnisse in Bezug auf biologische, physikalische, chemische und technische Aspekte des Sachunterrichts und ihre interdisziplinären Verflechtungen, um einen verständnisfördernden und motivational aktivierenden Unterricht im naturwissenschaftlichen Bereich des Sachunterrichts gewährleisten zu können.

5. Fachspezifisch-pädagogisches Wissen, Interessen und selbstbezogene Kognitionen zum physikbezogenen Lehren und Lernen bei Grundschullehrkräften

Die oben genannten Anforderungen stehen im Kontrast zu den Kompetenzen, die Sachunterrichtslehrkräfte im Laufe ihrer Ausbildung erwerben. Ich berichte im Folgenden erste Ergebnisse einer Studie, in der wir fachspezifisch-pädagogisches Wissen, Interessen, selbstbezogene Kognitionen und Ausbildungseinschätzungen von Lehrkräften zum physikalischen Bereich des Sachunterrichts erhoben haben.[1] Wir konzentrierten uns exemplarisch auf den physikalischen Bereich, da wir in Voruntersuchungen erhebliche bereichsspezifische Unterschiede zwischen der Biologie und den sog. harten Naturwissenschaften festgestellt hatten.

5.1 Datenerhebung

In die Untersuchung waren 95 zufällig ausgewählte Schulen in den nordrhein-westfälischen Regierungsbezirken Detmold und Münster (insgesamt 964 Schulen) einbezogen. Den an diesen Schulen im Sachunterricht tätigen Lehrkräften wurden insgesamt 1203 Fragebögen zugesandt. Der Rücklauf betrug 21%; 237 Fragebögen konnten in die Auswertung einbezogen werden. Die Stichprobe kann bezüglich Alter und Geschlecht für NRW als repräsentativ angesehen werden.

---

1 Die Untersuchung wurde im Rahmen eines vom Land NRW geförderten Projektes „Zum Einfluss von Lehrerausbildungskonzepten auf Lehrerkognitionen, Lehrerhandeln und Unterrichtserfolg im naturwissenschaftlichen Lernfeld der Grundschule" durchgeführt.

Die Lehrkräfte wurden nach dem Grad ihrer Zustimmung auf einer fünfstufigen Intervallskala (mit den Antwortmöglichkeiten 0 = stimmt gar nicht, 1 = stimmt wenig, 2 = stimmt teils/teils, 3 = stimmt ziemlich und 4 = stimmt völlig) befragt. Die Skalen wurden in Anlehnung an bestehende Skalen, teilweise auch neu entwickelt, in zwei Vortestungen geprüft und optimiert. Mittelwerte, Streuungen und Reliabilitäten sind den Abbildungen 5 bis 7 zu entnehmen.

Erfragt wurden (in Klammern Skalenabkürzungen in Tab. 1):
zum fachspezifisch-pädagogischen Wissen
- die Einschätzung der Lernfähigkeit von Grundschülern im physikalischen Bereich des Sachunterrichts (4 Items) (Lernfähigkeit von GS),
- die Einschätzung der Bedeutsamkeit eines physikbezogenen Sachunterrichts für Grundschüler (4 Items) (Bedeutsamkeit des pSu),
- die Einschätzung der Motivierbarkeit von Grundschülern für den physikbezogenen Sachunterricht (4 Items) (Motivierbarkeit von GS),

in Bezug auf Interesse
- das Interesse der Lehrkräfte am Unterrichten physikbezogenen Sachunterrichts (4 Items) (Interesse am Unterrichten) und
- das Interesse der Lehrkräfte am Schulfach Physik (4 Items) (Interesse am Schulfach),

in Bezug auf selbstbezogene Kognitionen der Lehrkräfte
- Selbstwirksamkeitserwartungen der Lehrkräfte im Hinblick auf das Unterrichten physikbezogenen Sachunterrichts (4 Items) (Selbstw.-erwartungen) und
- das Fähigkeitsselbstkonzept der Lehrkräfte in Bezug auf physikalische Inhalte (4 Items) (Fähigkeitsselbstkonzept).

Darüber hinaus ließen wir die Ausbildung für einen physikbezogenen Sachunterricht auf der Universität (4 Items) (Relevanz Ausb. Uni) und in der zweiten Phase der Lehrerausbildung (3 Items) (Relevanz Vorbereitungsd.) einschätzen und fragten nach dem Grad des Kontakts mit physikalischen Inhalten in allen Ausbildungsstadien (Tab. 3).

5.2 Erste Ergebnisse

Erste Auswertungen erbrachten folgende Ergebnisse (vgl. Tab. 1):
Mit deutlichen Mittelwerten über dem Skalenmittelwert 2 (bei einem maximalen Wert von 4) sind die Grundschullehrkräfte überwiegend davon überzeugt,
- dass Grundschulkinder mit physikbezogenen Inhalten nicht überfordert sind (62,3% der Lehrkräfte urteilen mit Mittelwerten über 3)
- dass es wichtig ist, physikalische Themen im Sachunterricht aufzugreifen (56,8% der Lehrkräfte urteilen mit Mittelwerten über 3) und

- dass physikbezogene Themen durchaus interessant für Grundschulkinder aufbereitet werden können (45,6% der Lehrkräfte urteilen mit Mittelwerten über 3)

Deutlich sinkende, aber noch über dem Skalenmittelwert liegende Mittelwerte zeigen sich bei den Skalen zur Einschätzung motivationaler und selbstbezogener Aspekte in Bezug auf das eigene Unterrichten physikbezogener Unterrichtsthemen.

- Mit einem Mittelwert von 2.78 noch durchaus positiv äußern sich die Lehrkräfte in Bezug auf das eigene Interesse am Unterrichten naturwissenschaftsbezogener Inhalte; allerdings antworten hier schon 27,1% der Lehrkräfte im Mittel mit den Aussagen „stimmt teils/teils", „stimmt kaum" und „stimmt gar nicht".
- Noch deutlicher sinkt der Mittelwert bei der Einschätzung der Selbstwirksamkeit auf einen Wert von 2.48: Hier äußern sich bereits 39,0% der Lehrkräfte im unteren Bereich der Skala bis 2.0. Diese Personen zeigen kein positives Zustimmungsverhalten zur eigenen Kompetenz in Bezug auf das Unterrichten physikbezogener Themen im Sachunterricht.

Während die überwiegende Mehrheit der Lehrkräfte die Angemessenheit physikalischer Inhalte im Sachunterricht der Grundschule betont, erfolgt die Einschätzung des eigenen Interesses und der eigenen Selbstwirksamkeit am Unterrichten physikbezogener Themen im Sachunterricht also bereits zögerlicher.

Noch einmal deutlicher fällt die Ablehnung der Aussagen zum Fähigkeitsselbstkonzept im Bereich Physik und zum Interesse am Schulfach Physik aus:

- Nur noch 40,2% der Lehrkräfte schätzen die eigenen Fähigkeiten im Bereich Physik mit Werten über dem Skalenmittelpunkt 2.0 als positiv ein; der Mittelwert sinkt auf den Wert 1.91 unter den Skalenmittelpunkt.
- Das Interesse am Schulfach Physik ist mit einem Mittelwert von 1.62 wenig ausgeprägt; nur noch 30,4% der Lehrkräfte urteilen durchschnittlich über dem Skalenmittelpunkt.

Für die Einschätzung der fachlichen fachspezifisch-pädagogischen Kompetenz der Lehrkräfte ist es bedeutsam, dass in unserer Befragung ca. 44% der befragten Lehrkräfte angeben, in der Oberstufe keinerlei Physikunterricht gehabt zu haben (vgl. Tab. 2), und zudem ein sehr großer Teil der Befragten die Aussage – im Studium (82,6%), in der zweiten Ausbildungsphase (70,6%) und in der Lehrerfortbildung (83,1%) – mit physikalischen Inhalten in Berührung gekommen zu sein, mit „stimmt gar nicht" bzw. „stimmt wenig" beantwortet; 49,8% der Lehrkräfte geben sogar an, physikalische Inhalte im Studium gemieden zu haben (vgl. Tab. 3).

Dieses Vermeidungsverhalten zeigt sich auch in der Lehrerfortbildung, wobei allerdings 38,2% der Lehrkräfte angeben, keine Möglichkeit gehabt zu haben, physikbezogene Inhalte zu wählen.

Tab. 1: Relative Häufigkeit der Skalenmittelwerte verschiedener Skalen in %

Skalen-MW (in %)	0-0,5	0,6-1,0	1,1-1,5	1,6-2,0	2,1-2,5	2,6-3,0	3,1-3,5	3,6-4,0
Lernfähigkeit von GS	0,0	0,0	0,0	1,7	10,2	25,8	27,1	35,2
Bedeutsamkeit des pSU	0,0	0,4	0,8	4,7	8,9	28,4	19,5	37,3
Motivierbarkeit von GS	0,4	0,0	1,6	3,0	15,8	33,6	20,9	24,7
Interesse am Unterrichten	0,9	4,3	6,4	15,5	14,2	19,3	19,7	19,7
Selbstw.-erwartungen	1,3	5,9	8,9	22,9	14,8	21,6	12,7	11,9
Fähigkeitsselbstkonzept	5,1	13,6	23,7	17,4	18,6	14,4	5,1	2,1
Interesse am Schulfach	24,2	16,1	14,9	14,4	7,6	8,1	6,7	8,0
Relevanz Ausb. Uni	63,45	13,45	6,7	6,3	4,3	2,4	0,0	3,4
Relevanz Vorb.-dienst	46,1	17,2	3,4	14,2	2,4	8,8	1,5	6,4

	M	SD	α	N
Lernfähigkeit von GS	3.32	0.55	.68	236
Bedeutsamkeit des pSU	3.25	0.65	.83	236
Motivierbarkeit von GS	3.10	0.63	.78	235
Interesse am Unterrichten	2.78	0.90	.91	233
Selbstw.-erwartungen	2.48	0.89	.91	236
Fähigkeitsselbstkonzept	1.91	0.83	.86	236
Interesse am Schulfach	1.62	1.19	.92	236
Relevanz Ausb. Uni	0.69	0.99	.94	207
Relevanz Vorb.-dienst	1.08	1.24	.96	203

pSU = physikbezogener Sachunterricht; GS = Grundschüler
0 = keine Zustimmung, 4 = hohe Zustimmung

Tab.2: Physikausbildung in der Oberstufe

keine Physik	Grundkurs	Leistungskurs	keine Angaben	gesamt
104	84	11*	38	N = 237
44,0%	35,4%	4,6%	16,0%	100%

* davon 6 auch GK

Tab. 3: Kontakt mit physikalischen Inhalten (in %)

	(0)	(1)	(2)	(3)	(4)	M	SD	N
im Studium	58,3	24,3	8,5	5,5	3,4	0,71	1,06	235
im Vorbereit.-dienst	47,6	23,0	20,3	6,9	2,2	0,93	1,07	231
auf Fortbildungen	58,6	24,5	13,4	2,2	1,3	0,63	0,89	232
Kontakt im Studium gemieden	23,7	14,5	11,6	19,3	30,9	2,19	1,58	207
Physik. Themen i. d. Fortbild. gemieden	7,4	6,9	10,6	16,1	20,7	2,58	1,37	217

(0) stimmt gar nicht, (1) stimmt wenig, (2) stimmt teils-teils; (3) stimmt ziemlich, (4) stimmt völlig
*Die restlichen Lehrkräfte (38,3%) hatten keine Möglichkeit, physikbezogene Inhalte zu wählen.

In der Einschätzung der Relevanz ihrer Ausbildung bzgl. des physikbezogenen Sachunterrichts an der Universität bzw. im Vorbereitungsdienst urteilen die Lehrkräfte deutlich negativ: Die (mittleren) Skalenmittelwerte für das Studium liegen bei 0.69, die für den Vorbereitungsdienst bei 1.10 (vgl. Tab. 1).

5.3 Diskussion der Ergebnisse

Nach den Ergebnissen unserer Studie scheinen Grundschullehrkräfte davon überzeugt zu sein, dass naturwissenschaftliches Lernen einen hohen Stellenwert in der Grundschule hat und dass Grundschulkinder in der Lage und bereit sind, sich mit entsprechenden Themen im Sachunterricht auseinander zu setzen. Das eigene Verhältnis zur Physik, insbesondere zum Schulfach Physik, ist allerdings bei der Mehrzahl der Lehrkräfte problematisch. Der Anteil der Lehrkräfte, der in den Ausbildungs- bzw. Fortbildungsphasen keine oder kaum Physikkontakte gehabt hat, ist erschreckend hoch. Ein großer Teil der Befragten gibt an, physikbezogene Veranstaltungen explizit gemieden zu haben. Mögliche Ursachen hierfür könnten das geringe Fähigkeitsselbstkonzept im Bereich Physik und das geringe Interesse am Schulfach Physik sein. Entsprechend schätzen fast 40% der Lehrkräfte ihre Kompetenzen für das Unterrichten physikbezogener Themen als deutlich ungenügend ein; nur 30% der Lehrkräfte äußern sich in Bezug auf das Interesse am Schulfach Physik positiv. Der IGLU-E-Befund, nach der die eigene Schulerfahrung mit den Naturwissenschaften eher positiv zu sein scheint (Prenzel et al.

2003, 180), stimmt mit unseren Ergebnissen für den Bereich Physik nicht überein.

Zwar haben wir uns in unserer Lehreruntersuchung exemplarisch auf den Bereich der Physik bezogen; frühere Untersuchungen zum technischen Bereich des Sachunterrichts aus den 90er Jahren weisen aber denselben Trend auf (Möller, Ziemann, Tenberge 1996). Wir vermuten, dass für das chemische Themenfeld Ähnliches gilt. Die Ergebnisse einer entsprechenden Studierendenbefragung liegen zur Zeit noch nicht vor; allerdings wird an vielen Ausbildungsorten beobachtet, dass ein großer Teil der Studierenden nach Möglichkeit die harten Naturwissenschaften und die Technik meidet. Häufig wird der gesellschaftliche Lernbereich bevorzugt gewählt; im naturwissenschaftlichen Lernbereich scheint Biologie das beliebteste Leitfach zu sein. In ähnlicher Weise berichtet Landwehr (2002) von einer Distanz von Studierenden im Hinblick auf Themen aus dem physikalischen Bereich.

Entgegen entsprechender Hoffnungen scheinen die zweite Phase und die dritte Phase der Lehrerbildung die Distanz zu bestimmten naturwissenschaftlichen Inhaltsbereichen kaum aufbrechen zu können. Das zeigt sich darin, dass (fast) die Hälfte der Lehrkräfte angibt, in der Hochschulausbildung physikalische Inhalte explizit gemieden zu haben. Bedenklich ist zudem, dass mehr als ein Drittel der Lehrkräfte angibt, keine Möglichkeit gehabt zu haben, eine Fortbildung mit physikbezogenem Thema zu besuchen (vgl. Abb. 6).

6. Folgerungen für die Lehrerbildung im naturwissenschaftlichen Bereich des Sachunterrichts

Neuere bildungspolitische, entwicklungspsychologische und fachdidaktische Entwicklungen haben inzwischen weltweit zu einer Wiederbelebung der Forderung geführt, naturwissenschaftliche Inhalte im Unterricht der Grundschule zu implementieren. Der Begriff „Naturwissenschaften" bezieht sich neben methoden- und wissenschaftstheoretischen Aspekten auf einen breiten inhaltlichen Bereich, der neben biologischen auch physikalische, chemische, geowissenschaftliche und technische Aspekte umfasst. Naturwissenschaftliche Aspekte der belebten und der unbelebten Natur gehören zu den von der Gesellschaft für Didaktik des Sachunterrichts (GDSU) im Perspektivrahmen formulierten Bildungsstandards für den Sachunterricht.

Die derzeitige Situation im naturwissenschaftlichen Sachunterricht ist allerdings durch eine hohe Beliebigkeit und durch ein Übergewicht biologischer Inhalte gekennzeichnet. Die wenigen vorhandenen Untersuchungen zum naturwissenschaftlichen Sachunterricht legen die Vermutung nahe, dass ein anspruchsvoller, verständnisorientierter naturwissenschaftlicher Sachunterricht, der sich sowohl auf die belebte wie auch auf die unbelebte Natur richtet, vermutlich nicht allzu weit verbreitet ist.

Was folgt für die Grundschullehrerbildung im Bereich der Naturwissenschaften? Das erforderliche professionelle Wissen und die in der Lehrerbildung bisher vermittelten Kompetenzen scheinen weit auseinander zu klaffen. Auch der Vorbereitungsdienst und die Lehrerfortbildung sind hier einbezogen. Grundschullehrkräfte fühlen sich für das Unterrichten von Themen, die über den biologischen Bereich hinausgehen, häufig nicht ausreichend qualifiziert. Ihr eigenes Fähigkeitsselbstbild im Hinblick auf Kompetenzen außerhalb der Biologie scheint häufig negativ zu sein.

Ansatzpunkte für eine professionsbezogene Kompetenzentwicklung in der Lehreraus- und Fortbildung könnten das Interesse der Grundschullehrkräfte am Unterrichten physikbezogener Themen und das Überzeugt-Sein der Lehrkräfte von der Wichtigkeit physikbezogenen Lernens sein. Veranstaltungen in der Aus- und Fortbildung, die sich nicht auf das Erlernen physikalischer Inhalte beschränken, sondern darüber hinaus das Erlernen physikbezogenen Unterrichtens zum Gegenstand haben, scheinen hier vielversprechend zu sein. Fachwissenschaftliche Inhalte sind zwar unverzichtbar, sollten aber in Zusammenhänge des Lehrens und Lernens eingebettet sein. Veranstaltungen, die sich an Phänomenen bzw. an Problemen orientieren und die Interessen und Vorkenntnisse der Teilnehmer berücksichtigen, könnten vielleicht in der Lage sein, Interesse an physikbezogenen Themen zu wecken und über Kompetenzerlebnisse zu einem positiveren Fähigkeitsselbstbild im Hinblick auf das Verstehen physikalischer Inhalte beizutragen. Eine voneinander isolierte, nach fachwissenschaftlicher und didaktischer Ausbildung getrennte Struktur, wie sie in konsekutiven Studienmodellen vorgeschlagen wird, ist in diesem Problemfeld wenig hilfreich.

Welche Ausbildungs- und Fortbildungsmodule zu handlungswirksamen Veränderungen des fachspezifisch-pädagogischen Wissens führen und in welchem Zusammenhang Aus- und Fortbildungsmodule mit Unterrichtsqualität stehen, sollte in Forschungsvorhaben untersucht werden. Schließlich muss es gelingen, mit der geringen zur Verfügung stehenden Zeit für Aus- und Fortbildungen bei konkurrierenden Bedarfen möglichst effektiv umzugehen. Die Professionalisierung von Lehrkräften für den naturwissenschaftlichen Bereich der Grundschule ist sicherlich nur eine Aufgabe unter vielen anderen im Bereich der Lehrerbildung. Sollte es uns aber nicht gelingen, auf die künftigen oder bereits praktizierenden Lehrkräfte zugeschnittene, kompetenzorientierte Angebote für die Lehreraus- und für die Lehrerfortbildung zu entwickeln und zu implementieren, so dürfte die erneute Hinwendung zu anspruchsvolleren Lerninhalten im naturwissenschaftlichen Bereich der Grundschule schon bald als ein weiterer gescheiterter Bildungsreformversuch deklariert werden.

Literatur

Blaseio, B. (2002): Inhaltsstruktur und Tendenzen der Inhalte im Sachunterricht. Eine empirische Bestandsaufnahme der Inhalte des Sachunterrichts in den 70er, 80er und 90er Jahren anhand von Unterrichtslehrwerken. In: K. Spreckelsen, K. Möller, A. Hartinger (Hrsg.): Ansätze und Methoden empirischer Forschung zum Sachunterricht, Forschungen zur Didaktik des Sachunterrichts, Bd. 5. Bad Heilbrunn, 205-222.

Blumberg, E./Möller, K./Jonen, A./Hardy, I. (2003): Multikriteriale Zielerreichung im naturwissenschaftsbezogenen Sachunterricht der Grundschule. In: D. Cech, H.-J. Schwier (Hrsg.): Lernwege und Aneignungsformen im Sachunterricht. Bad Heilbrunn, 77-92.

Breitschuh, G. (1997): Inhalte des Sachunterrichts im 4. Schuljahr. Vortrag auf der GDSU-Tagung 1997 in Kiel.

Bullock, M./Ziegler, A. (1999): Scientific reasoning. Developmental changes and individual differences. In: F.E. Weinert, W. Schneider (Hrsg.): Individual development between three and twelve. Findings from a longitudinal study. Cambridge.

Council of Ministers of Education (1997): Common framework of science learning outcomes. Canada.

Deutscher Bildungsrat (1972): Empfehlungen der Bildungskommission. Strukturplan für das Bildungswesen. Stuttgart.

Dubs, R. (1997): Der Konstruktivismus im Unterricht. In: Schweizer Schule, 84. Jg., 26-36.

Duit, R. (1999): Conceptual change approaches in science education. In: W. Schnotz, S. Vosniadou, M. Carretero (Hrsg.): New Perspectives on conceptual change. Amsterdam, New York, Oxford, 263-282.

Einsiedler, W. (1996): Wissensstrukturierung im Unterricht. Neuere Forschung zur Wissensrepräsentation und ihre Anwendung in der Didaktik. In: Z.f.Päd., 42. Jg., 167-192.

Einsiedler, W. (1998): The Curricula of Elementary Science Education in Germany. Erlangen-Nürnberg.

Einsiedler, W. (2002): Empirische Forschung zum Sachunterricht. Ein Überblick. In: K. Spreckelsen, K. Möller, A. Hartinger (Hrsg.): Ansätze und Methoden empirischer Forschung zum Sachunterricht, Forschungen zur Didaktik des Sachunterrichts, Bd. 5. Bad Heilbrunn, 17-38.

Friedrich, H.F./Mandl, H. (1997): Analyse und Förderung selbstgesteuerten Lernens. In: F.E. Weinert, H. Mandl (Hrsg.): Psychologie der Erwachsenenbildung (= Enzyklopädie der Psychologie, Bd. 4). Göttingen, 237-293.

Gesellschaft für Didaktik des Sachunterrichts (GDSU) (Hrsg.) (2002): Perspektivrahmen Sachunterricht. Bad Heilbrunn.

Gruehn, S. (1995): Vereinbarkeit kognitiver und nicht-kognitiver Ziele im Unterricht. In: Z.f.Päd., 41. Jg., 531-553.

Jonen, A./Möller, K./Hardy, I. (2003): Lernen als Veränderung von Konzepten – am Beispiel einer Untersuchung zum naturwissenschaftlichen Lernen in der Grundschule. In: D. Cech, H.-J. Schwier (Hrsg.): Lernwege und Aneignungsformen im Sachunterricht. Bad Heilbrunn, 93-108.

Köhnlein, W. (1984): Zur Konzipierung eines genetischen, naturwissenschaftlich bezogenen Sachunterrichts. In: H.F. Bauer, W. Köhnlein (Hrsg.): Problemfeld Natur und Technik. Bad Heilbrunn, 193-215.

Köhnlein, W. (1999): Vielperspektivität und Ansatzpunkte naturwissenschaftlichen Denkens. Analyse von Unterrichtsbeispielen unter dem Gesichtspunkt des Verstehens. In: W. Köhnlein, B. Marquardt-Mau, H. Schreier (Hrsg.): Vielperspektivisches Denken im Sachunterricht, Forschungen zur Didaktik des Sachunterrichts, Bd. 3. Bad Heilbrunn, 88-124.

Landwehr, B. (2002): Die Distanz von Lehrkräften und Studierenden des Sachunterrichts zur Physik. Eine qualitativ-empirische Studie zu den Ursachen. Berlin.

Lauterbach, R. (1992): Naturwissenschaftlich orientierte Grundbildung im Sachunterricht. In: K. Riquarts et al. (Hrsg.): Naturwissenschaftliche Bildung in der Bundesrepublik Deutschland, Bd. 3, Didaktik. Kiel, 191-256.

Lipowsky, F. (2002): Zur Qualität offener Lernsituationen im Spiegel empirischer Forschung – Auf die Mikroebene kommt es an. In: U. Drews, W. Wallrabenstein (Hrsg.): Freiarbeit in der Grundschule. Offener Unterricht in Theorie, Forschung und Praxis. Frankfurt/M., 126-159.

Möller, K. (2001): Lernen im Vorfeld der Naturwissenschaften – Zielsetzungen und Forschungsergebnisse. In: W. Köhnlein, H. Schreier (Hrsg.): Innovation Sachunterricht – Befragung der Anfänge nach zukunftsfähigen Beständen, Forschungen zur Didaktik des Sachunterrichts, Bd. 4. Bad Heilbrunn, 275-298.

Möller, K./Tenberge, C./Ziemann, U. (1996): Technische Bildung im Sachunterricht. Eine quantitative Studie zur Situation an nordrhein-westfälischen Grundschulen, Veröffentlichungen der Abteilung Didaktik des Sachunterrichts/Institut für Forschung und Lehre für die Primarstufe, Bd. 2. Münster.

Möller, K./Jonen, A./Hardy, I./Stern, E. (2002): Die Förderung von naturwissenschaftlichem Verständnis bei Grundschulkindern durch Strukturierung der Lernumgebung. In: M. Prenzel, J. Doll (Hrsg.): Bildungsqualität von Schule: Bedingungen mathematischer, naturwissenschaftlicher und überfachlicher Kompetenzen. 45. Beiheft der Z.f.Päd. Weinheim, Basel, 176-191.

National Research Council (1996): National science education standards. Washington DC.

Prenzel, M./Rost, J./Senkbeil, M./Häußler, P./Klopp, A. (2001): Naturwissenschaftliche Grundbildung. Testkonzeption und Ergebnisse. In: J. Baumert, E. Klieme, M. Neubrand, M. Prenzel, U. Schiefele, W. Schneider, P. Stanat, K. Tillmann, M. Weiß (Hrsg.): PISA 2000. Basiskompetenzen von Schülerinnen und Schülern im internationalen Vergleich. Opladen, 191-248.

Prenzel, M./Geiser, H./Langeheine, R./Lobemeier, K. (2003): Das naturwissenschaftliche Verständnis am Ende der Grundschule. In: W. Bos, E. Lankes, M. Prenzel, K. Schwippert, G. Walther, R. Valtin (Hrsg.): Erste Ergebnisse aus IGLU. Schülerleistungen am Ende der vierten Jahrgangsstufe im internationalen Vergleich. Münster, New York, München, Berlin, 143-187.

Reichen, J. (1991): Sachunterricht und Sachbegegnung. Zürich.

Roth, H. (Hrsg.) (1970): Begabung und Lernen. Ergebnisse und Folgerungen neuerer Forschung, Deutscher Bildungsrat. Gutachten und Studien der Bildungskommission, Bd. 4. Stuttgart.

Schrempp, I./Sodian, B. (1999): Wissenschaftliches Denken im Grundschulalter. Die Fähigkeit zur Hypothesenprüfung und Evidenzevaluation im Kontext der Attribu-

tion von Leistungsergebnissen. In: Zeitschrift für Entwicklungspsychologie und Pädagogische Psychologie, 31. Jg., 67-77.
Sodian, B. (1995): Entwicklung bereichsspezifischen Wissens. In: R. Oerter, L. Montada (Hrsg.): Entwicklungspsychologie. Weinheim, 622-653.
Soostmeyer, M. (1988): Zur Sache Sachunterricht, Bd. 14. Frankfurt/M., Berlin, Bern, New York, Paris, Wien.
Soostmeyer, M. (2002): Genetischer Sachunterricht. Unterrichtsbeispiele und Unterrichtsanalysen zum naturwissenschaftlichen Denken bei Kindern in konstruktivistischer Sicht. Baltmannsweiler.
Spreckelsen, K. (1997): Phänomenkreise als Verstehenshilfe. In: W. Köhnlein, B. Marquardt-Mau, H. Schreier (Hrsg.) (1999): Vielperspektivisches Denken im Sachunterricht. Bad Heilbrunn, 111-127.
Stern, E./Möller, K./Hardy, I./Jonen, A. (2002): Warum schwimmt ein Baumstamm? Kinder im Grundschulalter sind durchaus in der Lage, physikalische Konzepte wie Dichte und Auftrieb zu begreifen. In: Physik Journal, 1. Jg., 63-67.
Stern, E./Möller, K. (in Druck): Der Erwerb anschlussfähigen Wissens als Ziel des Grundschulunterrichtes. Zeitschrift für Erziehungswissenschaften.
Stark, R./Gruber, H./Mandl, H. (1998): Motivationale und kognitive Passungsprobleme beim komplexen situierten Lernen. In: Psychologie in Erziehung und Unterricht, 45. Jg., 202-215.
Strunck, U: (1999): Die Behandlung von Phänomenen aus der unbelebten Natur im Sachunterricht. Die Perspektive der Förderung des Erwerbs von kognitiven und konzeptuellen Fähigkeiten. Bad Iburg.
Strunck, U./Lück, G./Demuth, R. (1998): Der naturwissenschaftliche Sachunterricht in Lehrplänen, Unterrichtsmaterialien und Schulpraxis - eine quantitative Analyse der Entwicklung in den letzten 25 Jahren. In: Zeitschrift für Didaktik der Naturwissenschaften. Biologie, Chemie, Physik, 4. Jg., 69-81.
Thiel, S. (1990): Grundschulkinder zwischen Umgangserfahrung und Naturwissenschaft. In: M. Wagenschein (Hrsg.): Kinder auf dem Wege zur Physik. (Neuauflage). Weinheim, Basel, 90-180.
Weinert, F.E. (1996): Für und Wider die „neuen Lerntheorien" als Grundlagen pädagogisch-psychologischer Forschung. In: Zeitschrift für Pädagogische Psychologie, 10. Jg., 1-12.

Joachim Kahlert

Lehrerbildung zwischen lehrbarem Wissen und erlernbarem Können

Eine Interpretation von Kommunikationsstörungen und ein Vorschlag

In der Kommunikation über Lehrerbildung scheint sich zu wiederholen, was der Lehrerbildung selbst angelastet wird: eine, wie es im gewohnten, aber vordergründigen Differenzschema heißt, Theorie-Praxis-Diskrepanz. Weitgehend einheitlich und seit langem wird die mangelnde Abstimmung der Studienanteile, die fehlende Koordination in und zwischen den beteiligten Einrichtungen und der unzureichende Berufsfeldbezug kritisiert. Akzeptanzstudien unter Absolventen und Studierenden finden eine ähnliche Wahrnehmung inhaltlicher und organisatorischer Unzulänglichkeiten.[1] Und auch über Lösungswege gibt es in der Substanz wenig Differenz, dafür aber auch nicht viel Neues. Sie erweisen sich weitgehend als komplementäre Abbildung der Mängelliste. Ob Anhänger einer grundständigen oder einer konsekutiven Lehrerbildung, jeder hebt hervor, die Lehrerbildung müsse besser koordiniert und praxisnäher werden und mehr fachübergreifende Angebote bieten.

Die Kluft zwischen dem Wissen darüber, was nötig wäre, und der Realität im Handlungsfeld Lehrerbildung scheint mittlerweile so gründlich inspiziert, dass mancher Protagonist der Debatte es für ratsam hält zu begründen, warum man noch einmal das Wort ergreift (Terhart 2003, 163).

Wenn anscheinend alles gesagt ist, aber wenig daraus folgt, kann man verzweifeln, in Aufregung und Schuldzuweisungen verfallen, resignieren, Rezepte anbieten, sich auf Gesinnungsethik spezialisieren oder Erklärungsrhetorik verbreiten. So werden neuerdings die Probleme der Lehrerbildung unter anderem auf Mängel in der Theorie und Forschung zurückgeführt (z.B. Schaefers 2002, 82f.; Weiler 2003, 190ff.). Das Risiko solcher Argumentation ist gering, das Zustimmungspotenzial hoch. Allerdings passt diese Ursache-Wirkungs-Behauptung (und implizite Schuldzuweisung) nicht zu der Einsicht, dass das als wissenschaftlich geltende Wissen nur begrenzt zur Lösung praktischer Probleme in sozialen Kontexten beitragen kann[2]. Auch Disziplinen, die als forschungsstark gelten, wie die Psychologie, die Medizin oder die Betriebswirtschaft, offenbaren Defizite, sobald – wie in der Lehrer-

---

1 Vgl. den zusammenfassenden Überblick bei Schaefers 2002, 69f.; siehe auch Bohnsack 2000, 54ff.; Ulich 1996.
2 Allgemein siehe dazu Luhmann 2002, 133f.; 148f.; ders. 1991, 37f.; Stehr 2000, 101; speziell bezogen auf die Lehrerbildung Terhart 2001, 166f.

bildung – nach dem praktischen Nutzen des gesammelten Wissens und der gelehrten Inhalte gefragt wird (vgl. dazu z.B. Gerstenmaier, Mandel 2000, 13; Gruber, Mandl, Renkl 2000, 141ff.; Weinert 2000, 45).

Mit diesem Hinweis soll nicht bezweifelt werden, dass es sich lohnt, Theoriebildung und Forschung in der Lehrerbildung auszubauen. Allerdings scheint doch mehr Vorsicht angebracht, wenn Leistungen und Defizite der Lehrerbildung beurteilt und „Lösungen" propagiert werden, die plausibel erscheinen, aber doch nur die nächsten Enttäuschungen und die Fehlallokation von Ressourcen vorprogrammieren.

Daher geht der vorliegende Beitrag zunächst darauf ein, dass es die Kommunikation über Lehrerbildung mit einem doppelten Wechsel von Referenzsystemen zu tun hat, den man berücksichtigen sollte, wenn man Defizite beschreibt und Lösungen propagiert. Die wissenschaftliche Kommunikation über Lehrerbildung folgt anderen Rationalitätskalkülen als die wissenschaftsbasierte Praxis der Lehrerbildung und diese wiederum anderen als das Ausüben des Berufs im Handlungsfeld Schule und Unterricht (Teil 1). Dabei verändern sich nicht nur die Relevanzkriterien für das jeweils kommunizierte Wissen, sondern das Wissen selbst (Teil 2). Vorgeschlagen und am Beispiel der Fachdidaktik Sachunterricht konkretisiert wird, Lehrerbildung als eine „community of practice" (Willke 1998, 17) zu verstehen und anzulegen, in der die beteiligten Einrichtungen auf der Basis professionsfördernder Essentials zusammenarbeiten und ihre je eigenen Forschungs-, Theorie-, Ausbildungs- und Inhaltsansprüche einbringen und aufeinander abstimmen (Teil 3).

1. Verschiedene Referenzsysteme für die Kommunikation über Lehrerbildung

Vorschläge zur Reform der Lehrerbildung zielen auf die Lösung praktischer Probleme, die in der Regel nicht dort, wo sie kommuniziert werden, sondern woanders auftreten und bearbeitet werden müssen. So etwas geht auch in anderen Bereichen nicht immer gut. „Über Ideen wird geredet, in praktischen Zusammenhängen versucht man, durch Kommunikation etwas mehr oder weniger Bestimmtes zu erreichen" (Luhmann 2002, 144)[3].

Zwar gehören Experten, die Vorschläge für Reformen der Lehrerbildung unterbreiten, in der Regel auch Institutionen an, an denen die praktischen Konsequenzen gezogen werden müssten. Aber in diesen Einrichtungen sind viele Fächer an der Lehrerbildung beteiligt. Sowohl aus erziehungswissenschaftlicher (Faust 2003, 82) als auch aus fachdidaktischer (Schecker 2003, 110f.) Perspektive gilt diese Fächervielfalt als Professionalisierungshindernis.

---

3 Erinnert sei auch an Habermas, der in der Freiheit vom Handlungszwang eine grundlegende Bedingung für den Diskurs sieht. Dafür werde im Diskurs auch „nichts erzeugt außer Argumenten" (Habermas 1977, 386).

Sie sei mit dafür verantwortlich, dass die Lehrerbildung an Universitäten keinen Ort (Oelkers 2001, 153) und kein Leitbild (Keuffer, Oelkers 2001, 14) habe und an Verantwortungsdiffusion (Bohnsack 2000, 65) leide. Zwischen den Bereichen Fachdidaktik, Fachwissenschaften, Erziehungswissenschaft und Schulpädagogik sowie anderer beteiligter Disziplinen herrsche „Säulendenken" mit facheigenen Logiken unter Vernachlässigung berufsfeldspezifischer Anforderungen (Merkens 2003, 16; siehe auch Oelkers 2001, 157; Terhart 2000, 84f.).

Dass sich die Fächervielfalt derart nachteilig auswirkt, mag gelegentlich auch am fehlenden guten Willen der Beteiligten liegen. Doch die Schwierigkeiten haben System.

Systemtheoretisch betrachtet stellen wissenschaftliche Fächer nach Inhalten und Methoden differenzierte Kommunikationszusammenhänge dar, die sich durch zum Teil übergreifende, zum Teil spezifische operative Regulationsprinzipien als Teilsysteme des Kommunikationssystems Wissenschaft konstituieren, erhalten und weiterentwickeln (Serres 1998, 18ff.). Die Entwicklung der einzelnen Disziplinen und Fächer, die an der Lehrerbildung beteiligt sind, optimiert nicht gleichsinnig die Lehrerbildung. Weil Lehrerbildung kein Fach, sondern eine übergreifende Aufgabe verschiedener Fächer ist, kommt der Erfolg einzelner Fachvertreter im Streben nach Erkenntnisfortschritt, Anerkennung in der Scientific Community und im Ringen um knappe Ressourcen auch nicht unbedingt der Lehrerbildung zugute. So ist in der Erziehungswissenschaft der Fortschritt in der Ausdifferenzierung von Fragenstellungen, Problemfeldern und Absicherung der Erkenntnisansprüche mit dem Verlust des Anspruchs einhergegangen, in allen Arbeitsgebieten praxisbedeutsam und ausbildungsrelevant für den Lehrerberuf zu sein.[4]

Der in der Kommunikation über Lehrerbildung herrschende Konsens über dringliche Probleme und notwendige Entwicklungen verliert daher an Verbindlichkeit, sobald es an die praktische Umsetzung in Hochschulen, Aus- und Fortbildungsseminaren geht.

Dies mag zum einen mit dem Allgemeinheitsgrad zusammenhängen, der Empfehlungen und Forderungen nationaler und internationaler Kommissio-

---

4 Siehe Terhart 2001, 74, 92. Hier lägen erfolgsversprechende Interventionsmöglichkeiten für eine Wissenschaftspolitik vor, die tatsächlich die Lehrerbildung voranbringen möchte. Lehrerbildung muss sich (wieder) lohnen. So lange für die leistungs- und belastungsbezogene Mittelzuweisung Absolventen der Lehramtsstudiengänge nur in Bruchteilen von Absolventen der Magister- und Diplomstudiengänge und curriculare Normwerte für Veranstaltungen in Lehramtsstudiengängen ebenfalls entsprechend unterwertig gerechnet werden, erscheint es offenbar vielen als rational, sich nicht zu sehr in der Lehrerbildung zu engagieren. Sicherlich wirken Berufsethik und vor allem Interesse an Fragen der Lehrerbildung diesem ökonomischen Kalkül entgegen. Aber die „weichen" Steuerungsmechanismen, wie Einsicht, Verantwortung und Interesse, ließen sich durch ressourcenbedeutsame „Kontextsteuerungen" (Luhmann 1997, 777), die Engagement in der Lehrerbildung belohnen, statt zu bestrafen, durchaus stärker zur Geltung bringen.

nen und Initiativen häufig anhaftet (Oser 2001, 244, 249). Aber auch eine weitgehende Konkretisierung von Ansprüchen, wie sie zum Beispiel mit den 88 Standards für die Lehrerbildung vorliegen (Oser 2001), stößt auf absehbare Differenzen bei der praktischen Umsetzung an Hochschulen und Ausbildungsseminaren. Schon wird angemerkt, die Standards seien zwar hilfreich, um die Auseinandersetzung über Lehrerbildung vor dem Hintergrund konkreter Vorstellungen von kompetent handelnden Lehrern als Leitziel aller Aus- und Fortbildungen führen zu können. Aber es fehle bisher eine Konkretisierung im Hinblick auf die fachlichen Inhalte des Unterrichts (Terhart 2002, 105, 107).

Bereits mit dieser fachunterrichtlichen Konkretisierung kämen Spezialgebiete, in diesem Fall ein oder zwei auf Unterrichtsfächer bezogene Disziplinen[5] und deren Fachdidaktiken, ins Spiel, die die Standards vor dem Hintergrund eigener Theorietraditionen, Problemsichten und Nützlichkeitskalküle auslegen. Und auch die anderen beteiligten Fächer, wie Allgemeine Erziehungswissenschaft, Schulpädagogik, Psychologie, Soziologie oder Philosophie haben je eigene, möglicherweise auch disparate Antworten auf die Frage, was zum Beispiel die Umsetzung des Standards bedeutet, lernen zu können „mich in konkreten Situationen in die Sicht- und Erlebnisweise der Schüler und Schülerinnen zu versetzen" (Oser 2001, 231) oder „unterschiedliche Fälle von Disziplinproblemen zu regeln" (ebd., 233).

Hinzu kommt, dass der Anspruch, auf Anforderungen der Berufspraxis vorzubereiten, nur bedingt dafür geeignet ist, die Rationalität von Studienangeboten zu beurteilen. Wenn Unterrichten als Arbeitsprozess unter Bedingungen von Ungewissheit und operativer Unsicherheit bei gleichzeitig hoher persönlicher Involviertheit verstanden wird (Terhart 2001, 106), dann unterliegt das Nützlichkeitskalkül über Angebote in der Lehrerbildung auch individuellen Interpretationen, die sich mit der Zeit ändern. Auch für den Spezialfall Lehrerbildung gilt, was allgemein für intentionales Handeln in pädagogischen Kontexten festgestellt wurde: Manchmal erweist sich erst auf lange Sicht, was nützlich oder brauchbar gewesen ist. „Es gibt auch langfristige (Nach-)Wirkungen, etwa ein späteres Zugestehen der Richtigkeit ursprünglich abgelehnter Äußerungen ..." (Oelkers 1982, 173).

Da die Zeithorizonte, in denen sich diese Brauchbarkeit oder die Einsicht in die Nützlichkeit eines Studienangebots erweisen soll, zumeist undefiniert sind und damit willkürlich bleiben, ist die Rationalität eines Studienangebots mit dem Kriterium der praktischen Verwendbarkeit nur unzulänglich zu beurteilen. Hinzu kommt, dass sich im Studium nun einmal kein fallgenaues richtiges Handeln, gleichsam auf Vorrat, ex ante, erlernen lässt. Eher kann man lernen, die Handlungsanforderungen zu verstehen, um so mit ihren spezifi-

---

5   Warum diese so oft als „Fachwissenschaften" bezeichnet werden, so als seien die anderen an der Lehrerbildung beteiligten Disziplinen keine Wissenschaften oder keine Fächer, erklärt sich wohl nur mit der Bequemlichkeit eingefahrener Redeweisen.

schen Ungewissheiten und variablen Lösungsmöglichkeiten zurechtzukommen (Luhmann 2002, 45f.).
Dafür muss Ausbildung immer mehr anbieten, als unmittelbar nützlich erscheint. Enttäuschung ist damit vorprogrammiert.
Im Studium ist man vielem begegnet, was man nicht unmittelbar braucht. Dies macht sich vor allem dann gravierend bemerkbar, wenn es in der Handlungssituation Unterricht nicht oder für einen selbst nicht zufriedenstellend gelingt, eigene Wissens- und Könnenspotenziale so zu aktualisieren, dass man den subjektiven Eindruck hat, mit der Herausforderung angemessen fertig zu werden. Wie für jedes pädagogische Handeln, so gilt auch für die Lehrerausbildung, dass ihr Erfolg „in einem sehr hohem Maße von der Eigentätigkeit der einzelnen Personen abhängig" ist (Terhart 2001, 167). Hochschulen und Universitäten haben keine Möglichkeit, direkt dafür zu sorgen, dass das, was in der Lehrerbildung angeboten wird und gelernt werden könnte, auch im praktischen Handeln der Absolventen umgesetzt wird.[6]

Dass dies bei allen berechtigten Klagen über Berufsferne des Studienangebots durchaus besser gelingt, als es aus der verständlichen Sicht des Einzelnen erscheint, mag man der Übersicht über die Ergebnisse der ersten und zweiten Staatsprüfung für das Lehramt an Grundschulen entnehmen (siehe Tabelle 1). Ohne Erfolgsquoten und Durchschnittsnoten überbewerten zu wollen, lassen sich die Zahlen durchaus auch so interpretieren, dass die Leistungen des Systems Lehrerbildung nicht so schlecht sind, wie es die Analyse jeweils einzelner defizitärer Erscheinungen nahe legen mag. Der Anteil nicht bestandener zweiter Staatsprüfungen sowie die erteilten Durchschnittsnoten sprechen jedenfalls nicht für die vielfach verbreitete Aussage, die Absolventen von Hochschulen seien überhaupt nicht für die Ansprüche des Berufsfeldes gewappnet.

Der verbreitete Eindruck, in der Lehrerbildung werde nicht angeboten, was in der Praxis tatsächlich gebraucht wird, hängt auch mit dem oben beschriebenen doppelten Systemwechsel zusammen. Die Kommunikation über Lehrerbildung macht Vorschläge für die Lehrerbildung, die ihrerseits Angebote für Anforderungen des Berufsfelds Schule und Unterricht bereit hält. Die Probleme, Enttäuschungen und Verstörungen, die dabei auftreten, werden in der Regel als „Theorie-Praxis-Diskrepanz" kommuniziert. Im folgenden wird versucht darzulegen, dass diese Diskrepanz auch als Folge unterschiedlicher Wissensarten interpretiert werden kann, die ins Spiel kommen, wenn Anbieter Wissen kommunizieren und Anwender Wissen nachfragen.

---

6   Selbst in enger rückgekoppelten Kommunikationszusammenhängen mit weniger komplexen Praxisanforderungen gelingt es nur bedingt, die Akteure dazu zu bringen, Handlungsvorschläge so umzusetzen, wie sie gemeint waren. Man denke nur an die Standardklage von Fußballtrainern, die Spieler hätten es nicht verstanden, im Spiel umzusetzen, was in der Vorbereitung gesprochen und geübt (!) wurde.

Tab. 1: Ergebnisse Erste/ Zweite Staatsprüfung
Lehramt Grundschulen (GS) bzw. Grund- und Hauptschulen (GHS)[1]

Land	Jahr	Erste Staatsprüfung			Zweite Staatsprüfung		
		gesamt	nicht bestanden in %	Durchschnittsnote	gesamt	nicht bestand. in %	Durchschnittsnote
Bayern	1996	1122	4,1	2,40	1470	1,2	2,32
	1997	1091	3,4	2,27	1428	0,5	2,24
(GS)	1998	990	3,3	2,28	1125	1,2	2,25
	1999	1074	3,9	2,27	996	0,9	2,26
Baden-Württ.	1996	1925	5,6	2,0	1787	4,2	1,70
	1997	2046	11,1	2,0	1747	4,6	1,69
(GHS)	1998	2066	11,7	2,0	1717	3,0	1,68
	1999	2087	9,6	1,9	1333	5,0	1,68
Berlin[3]	1996	225/64	12,4/17,2	2,36/2,48	353	8,8	2,43
	1997	208/75	15,4/12,0	2,29/2,39	241	9,1	2,83
	1998	228/91	17,5/23,1	2,23/2,30	236	6,8	2,50
(L1/L2)	1999	265/79	14,7/17,7	2,31/2,26	306	9,2	2,22
Brandenburg	1996	158	4,4	2,0	52	0,0	1,8
	1997	38	7,8	2,2	116	0,0	1,8
	1998	35	8,5	2,3	46	0,0	1,8
(GS)	1999	21	14,2	2,1	75	1,3	1,7
Bremen[4]	1996	134	6,7	1,60	10	0,0	1,35
	1997	90	0,0	1,76	38	0,0	1,36
	1998	101	0,0	1,60	47	0,0	1,34
	1999	95	1,1	1,82	79	0,0	1,36
Hessen	1996	649	7,2	1,71	463	1,3	1,79
	1997	583	8,1	1,73	211	1,0	1,71
	1998	498	7,4	1,71	517	0,4	1,78
(GS)	1999[2]	270	5,2	1,75	197	0,0	1,82
Mecklenburg-V.	1996	63	23,8	3,5	-	-	-
	1997	31	32,3	3,5	85	0,0	1,89
	1998	9	22,2	2,2	96	2,0	2,14
(GHS)	1999	6	16,7	2,25	58	0,0	2,05
Niedersachsen	1996	1086	5,0	2,0	587	1,7	1,95
	1997	926	4,2	1,90	1121	1,6	1,98
	1998	954	4,4	1,90	844	1,9	1,98
(GHS)	1999	1055	5,9	1,90	891	2,7	2,01
NRW	1996	2040	1,1	2,32	2677	1,2	2,01
	1997	2117	1,0	2,21	3442	0,1	1,95
	1998	2106	1,0	2,10	2240	0,2	1,97
(GS)	1999	2318	1,0	2,09	2031	0,8	1,72
Rheinl.-Pfalz	1996	537	1,9	2,22	444	2,5	2,34
	1997	536	5,6	2,14	479	1,0	2,37
	1998	568	3,0	2,17	658	1,7	2,24
(GHS)	1999	618	0,5	2,12	383	5,7	2,68

Sachsen	1996	196	21,0	2,69	82	0,0	1,92
(GS)	1997	79	29,0	2,61	101	1,0	1,99
	1998	44	25,0	2,24	115	1,0	1,9
	1999	44	16,0	2,45	115	0,0	2,05
Sachsen-Anhalt	1996	170	16,5	2,29	108	0,0	1,68
	1997	32	6,3	2,54	146	0,0	1,75
	1998	17	5,9	2,52	118	0,0	2,01
(GHS)	1999	14	7,1	2,28	84	0,0	2,13
Thüringen	1996	81	8,6	2,3	85	0,0	2,2
	1997	44	4,7	2,2	113	0,9	2,3
	1998	39	2,6	2,3	95	0,0	2,5
(GS)	1999	30	3,3	2,2	97	2,1	2,4

1 Vom Autor zusammengestellt nach Daten aus dem Bayerischen Staatsministerium für Unterricht und Kultus. Schwankungen der Genauigkeitsangaben bei den Durchschnittsnoten (1./2. Ziffer hinter dem Komma) sind datenbedingt. Die Prozentangaben für „nicht bestanden" wurden auf eine Ziffer hinter dem Komma gerundet. Für Hamburg und Schleswig-Holstein standen keine Daten zur Verfügung. Das Saarland bildet keine Grundschullehrenden in der ersten Phase aus.
2 nur Sommer 1999
3 Die Daten aus Berlin unterscheiden für die erste Phase das Lehramt L1 („Amt des Lehrers"; Studium einer Fachwissenschaft) und L2 („Amt des Lehrers mit fachw. Ausbildung in zwei Fächern"). Da in der zweiten Phase Absolventen beider Lehrämter zusammen ausgebildet werden, werden die Ergebnisse der zweiten Staatsprüfung für beide Lehrämter zusammen angeführt Der überwiegende Teil der Grundschullehrer hat das Lehramt L1 studiert.
4 Einbezogen wurde das Lehramt für Primarstufe und Sekundarstufe I; in dem Lehramt nur Primarstufe wurden seit 1997 keine ersten und seit 1999 keine zweiten Staatsprüfungen mehr durchgeführt.

2. Angebot und Nachfrage – zur Nuancierung des Theorie-Praxis-Problems

Die Kommunikation über Lehrerbildung, die Lehrerbildung selbst und die Schul- und Unterrichtspraxis lassen sich als „wissensbasierte soziale Systeme" (Stehr 2000, 245f.) analysieren. Handlungen innerhalb eines solchen Systems müssen sich im Prinzip mit nachvollziehbaren, für gültig gehaltenen Argumenten rechtfertigen lassen.

Kriterien für Gültigkeit und Nachvollziehbarkeit sind in den drei genannten Handlungskontexten verschieden streng und formalisiert. Aber im Prinzip gilt für die in den jeweiligen Kontexten Handelnden eine auf Nachvollziehbarkeit beruhende Rechenschaftspflicht: Äußerungen zur Lehrerbildung werden im Rahmen der wissenschaftlichen Kommunikation nur dann ernst genommen, wenn ein Minimum an standardisierten Ansprüchen erfüllt ist. Angebote in der Lehrerbildung müssen sich wissenschaftlich legitimieren lassen. Und der Lehrerberuf unterscheidet sich als Profession von sonstigen pädagogisch Handelnden unter anderem durch die Anforderung, nach bestimmten Gesichtspunkten rechtfertigen zu können, was man im Unterricht anbietet und wie man das macht. Basis für die Rechtfertigung ist in allen drei Kommunikationssystemen der Anspruch, Handlungen mit belastbaren, intersubjektiv nachvollziehbaren, zweckrationalen und um Gültigkeit bemühten Argumenten zu rechtfertigen – also mit Wissen.

Auch der Versuch, in das jeweils andere System hineinzuwirken, ist wissensbasiert. Nicht die Autorität eines Experten oder die Macht einer Bürokratie rechtfertigt die Hoffnung auf Wirksamkeit von Vorschlägen über Lehrerbildung im Praxisfeld Lehrerbildung, sondern die Überzeugungsfähigkeit der Argumente. Gleiches gilt für die Angebote der Universitäten und Hochschulen für die Studierenden.

Ein sicherlich noch unterschätzter Grund für Kommunikationsstörungen zwischen den Systemen und für die als „Theorie-Praxis-Problem" kommunizierten Enttäuschungen über das jeweils andere System liegt in der Unterstellung, Wissen sei die stabile Basis für die systemübergreifende Verständigung von einem System in das andere. Es könne sozusagen unbeschadet von einem System in das andere weitergereicht werden. Und wenn dies nicht gelinge, dann läge das an der mangelnden Relevanz des Wissens, an der unzulänglichen Methodik, mit der es weitergegeben wird oder auch an der wie auch immer zu erklärenden Sperrigkeit derjenigen, die das Wissen anwenden sollen.

Doch diese Vorstellungen rechnen zu wenig mit dem Einfluss der Kontexte, in denen sich entscheidet, was als brauchbares Wissen gilt oder überhaupt erst als Wissen wahrgenommen wird (Willke 1998, 7ff.).

Wenn Wissen systemübergreifend von Anbieter- und Anwenderseite kommuniziert und beurteilt wird, dann kommen nicht nur verschiedene Relevanzkriterien für die Beurteilung des Wissens, sondern auch verschiedene Qualitäten des Wissens ins Spiel. Angeboten wir das Wissen jeweils als deklaratives Wissen, als Wissen über etwas. Benötigt wird es jedoch als prozedurales Wissen, als Wissen, das zu etwas gut ist.

Dafür zunächst ein Beispiel:

Als Standards für die Lehrerbildung werden u.a. vorgeschlagen, Studierende sollten lernen, „wie man Schülerinnen und Schülern reale Erfahrungen ermöglicht, diese reflektiert und mit vermitteltem Wissen koppelt" oder „wie man mit Schülerinnen und Schülern ein Konzept aufbaut und anwendet und sie dabei aktiv mitarbeiten lässt" (Oser 2001, 241).

Akzeptiert man diese Standards, dann kann man sie als Bestandteil des Wissens über Lehrerbildung ansehen. Lehrerbildung muss diese Standards beachten, sonst ist sie nicht auf der Höhe der Zeit. So lange die Standards in Büchern stehen, im Gedächtnis von Lehrerbildnern präsent sind oder in Vorstellungsgesprächen bei Bewerbungen auf Stellen in der Lehrerbildung erwähnt werden, bleiben sie deklaratives Wissen. Man kann sie aufsagen, Texte damit schmücken und in der Kommunikation über Lehrerbildung Punkte sammeln. Aber sie bewirken noch nichts für die Lehrerbildung. Dazu müssen sie in das prozedurale Wissen derjenigen eingehen, die Lehrerbildung betreiben und diese Standards in ihrem Fachgebiet umzusetzen versuchen.

Das könnte, zum Beispiel für die Fachdidaktik Sachunterricht, folgendermaßen geschehen:

Als Sachunterrichtsdidaktiker wird man wissen, dass Grundschüler dazu neigen, sich den elektrischen Stromkreis auf der Basis einer „Zweizuführungsvorstellung" (Wiesner 1995, 54f.) begreifbar zu machen. Wenn beide Pole einer Batterie mit einem Lämpchen verbunden sind, brenne das Lämpchen deshalb, weil der Strom links und rechts zum Lämpchen fließen könne. Diese Vorstellung ist alltagsnah, intuitiv und nachvollziehbar, aber bekanntermaßen falsch.

Wenn man als Lehrerbildner über hinreichendes Können verfügt, wird man Studierende das Konzept der Kinder analysieren lassen, Versuche ersinnen, die geeignet sind, das Konzept verständnisnah und nachhaltig zu irritieren und zu einem Stromkreiskonzept weiter zu führen. Noch besser macht man dies in enger Zusammenarbeit mit Schulklassen, damit man erproben kann, was man sich ausgedacht hat.

Dabei wird man feststellen, dass manche Studierende noch keine, manche eine wenig entwickelte Vorstellung von Unterschieden zwischen Alltagsvorstellungen und belastbaren physikalischen Konzepten haben. Vielen sind die fachlichen Zusammenhänge fließenden Stroms unklar. Und schon gar nicht fällt es den Studierenden leicht, ein Versuchsarrangement zu ersinnen, das geeignet wäre, die Schülervorstellungen so mit wahrnehmungsintensiven Erfahrungen zu konfrontieren, dass die Schüler in Auseinandersetzung mit den eigenen Präkonzepten, mit Wahrnehmungen, logischen Schlussfolgerungen, Hypothesenbildung und begründeter Ablehnung ungeeigneter Annahmen zu einer belastbaren, verstandenen, nicht nur auswendig gelernten Vorstellung vom Stromkreis kommen.

Das müssen die Studierenden auch nicht können, dazu sollen sie ja studieren. Und wenn alles gut geht, dann haben sie im Studium etwas Belastbares über Schülervorstellungen gelernt, am Beispiel Stromkreis Unterrichtsideen entwickelt und mit Schülern erprobt. Ob sie dies dann aber auch „später" noch können, mit einer anderen Klasse, unter anderen Lernvoraussetzungen und mit anderen Erscheinungsweisen des Alltagswissens der Kinder, lässt sich daraus nicht schließen, denn dies hängt in hohem Maße von den sonstigen persönlichen Voraussetzungen der jungen Lehrerinnen und Lehrer ab. Das anwendungsnahe, standardorientierte Angebot während des Studiums kann sich unter den Voraussetzungen des Anwendungssystems Unterricht doch als überflüssig erweisen – und sei es nur, weil sich inzwischen der Lehrplan geändert hat und Stromkreis kein vorgeschriebener Inhalt mehr ist.

Um zu verallgemeinern: Im Anwendungsfeld ist man an Wissen interessiert, das Können unmittelbar hervorbringt oder wenigstens zu Können führt. Versteht man unter Können, etwas „immer wieder und hinreichend oft erfolgreich auszuführen" (Janich 2000, 130), dann entspricht Können am ehesten dem, was man als prozedurales Wissen, Know-how, Handlungswissen (vgl. auch Reinmann-Rothmeier, Mandl 2000, 276) oder „implizites Wissen" (Pöppel 2000, 25) bezeichnet. Man wird mit disziplinschwierigen Situationen fertig, kann mit Eltern hinreichend zufriedenstellend kommunizieren, eine brauchbare Unterrichtsplanung in vertretbarer Zeit ausarbeiten und erklären, warum manche Gegenstände sinken, andere schwimmen.

Dieses Wissen, das sich im Können ausdrückt, ist „Ich-nah" (ebd., 29). Es lässt sich durch Retrospektion teilweise erschließen, aber nur begrenzt kommunizieren. Jemand, der die oben beschriebenen Aktivitäten erfolgreich absolviert, kann einem anderen allenfalls mitteilen, was und wie man etwas getan und was man sich dabei gedacht hat. Niemandem dürfte es gelingen, alle Komponenten des eigenen Handlungswissens zu erschließen. Doch selbst in diesem unwahrscheinlichen Fall gewährleistet die Beschreibung eines Könnens und das Anführen der dafür nötigen Wissensinhalte noch nicht das Können selbst. Entsprechend lässt es sich durch Lesen, Anschauen, Zuhören allein nicht erwerben, sondern nur durch eigene Aktivität. Und weil die für Schule und Unterricht relevanten Aktivitätsbereiche weder im Studium noch in der zweiten Ausbildungsphase hinreichend abgedeckt werden können, wird man durch Ausbildung alleine auch noch nicht zum fertigen Lehrer. Man erwirbt vielmehr das Recht und hoffentlich auch die Kompetenz, sich nunmehr begleitend zum selbstständig erteilten und reflektierten Unterricht auch selbstständig um die weitere Entwicklung des eigenen Könnens zu kümmern.

Vom Könnenswissen lässt sich das Wissen unterscheiden, das als *begriffliches, explizites* oder auch als *deklaratives Wissen* bezeichnet wird (auch: know-that, knowing what). Über dieses Wissen lässt sich Auskunft erteilen. Man kann es katalogisieren, in Bücher schreiben, auf andere Träger speichern und es sich von dort wieder zurückholen, wenn man es vergessen hat. Es bezieht sich auf das, was allen bekannt ist oder im Prinzip bekannt gemacht und in der Form von Information kommuniziert werden kann. Dies gelingt deshalb, weil und sofern explizites Wissen eher „Ich-fern" ist (Pöppel 2000, 28).

Gelehrt und kommuniziert wird deklaratives Wissen, das erst durch Anwendung zu einem Ich-nahen Können, zu prozeduralem Wissen führt. Know-how lässt sich zwar beschreiben, als Wissen darüber, wie man etwas macht. Aber erst im Vollzug erweist es sich als persönlich verfügbares Könnenswissens. Für die Umsetzung des oben zitierten Standards, mit Schülern ein Konzept aufzubauen und anzuwenden (Oser 2001, 241), mag es für den Unterrichtsinhalt Stromkreis hilfreich sein, physikalisches Grundwissen zu haben, geläufige Präkonzepte sowie Regeln der Kommunikation und Elemente der

Unterrichtsplanung zu kennen. Und deshalb werden diese und andere Inhalte in der Lehrerbildung gelehrt. Aber nur der einzelne Anwender macht daraus Können.[7] Gelingt dies nicht, muss das noch nicht bedeuten, das Angebot habe nichts getaugt.

Die Kontextabhängigkeit des als brauchbar angesehenen Wissens ist systemübergreifend nicht aufzulösen. Aber die an der Lehrerbildung beteiligten, strukturell eher lose gekoppelten Teilsysteme wie die verschiedenen Hochschuldisziplinen und die Einrichtungen der zweiten Ausbildungsphase können Lehrerbildung durch die Arbeit an gleichen Inhalten als eine „community of practice" verstehen und organisieren (Willke 1998, 17). In der „community of practice" nähern sich Erfahrungskontexte an, verständigt man sich über Interpretationsunterschiede und auf Kriterien für die Bewertung von Daten und Informationen.

Ein erster Schritt dazu wäre die Verständigung auf „professionsfördernde Essentials" der Lehrerbildung. Professionsfördernde Essentials sind noch kein Kerncurriculum für die Lehrerbildung und auch noch keine Standards, sondern Inhalte, die aus professionstheoretischer – und nicht aus fachlicher – Sicht unverzichtbar für den Aufbau kompetenten Lehrerhandelns sind. Systemtheoretisch gesehen stellen professionsfördernde Essentials integrierende Konstrukte im Großsystem Lehrerbildung dar[8], die in den einzelnen beteiligten Fächern und Einrichtungen resonanzfähig sind und somit die vielfach geforderte Vernetzung in der Lehrerbildung aus dem Inneren der Fächer heraus fördern.

Dass diese Verständigung gelingen kann, soll abschließend am Beispiel der Fachdidaktik Sachunterricht mit Bezug auf schulische Bildungsstandards dargelegt werden.

3. Professionsfördernde Essentials als integrierende Konstrukte – ein Beispiel

Die alle Lehramtsstudiengänge kennzeichnende Vielfalt zu studierender Fächer spitzt sich für Grundschulstudierende zu, wenn sie auch das Fach Sachunterricht belegen. Dieses Studiengebiet, das in einigen Ländern als eigenständiges Fach mit 40 SWS und mehr, in anderen dagegen als Teilgebiet der Grundschulpädagogik mit einem Stundenanteil von 6-12 SWS studiert wird, weist keine traditionelle Korrespondenz zwischen universitären Disziplinen

---

7   Die gelegentlich von Lehramtsstudierenden an Dozenten gerichtete Bitte, doch einmal Unterricht vorzumachen, ist darum sicherlich nicht nur auf die Vorstellung zurückzuführen, man könnte vom Zuschauen lernen. Man würde sicherlich auch gerne erfahren, ob Dozenten können, worüber sie sprechen und schreiben können.

8   Terhart spricht vom „administrativ-pädagogischen ‚big business'" Lehrerbildung (2003, 169).

und Schulfächern auf. Während angehende Lehrerinnen und Lehrer für Mathematik, Deutsch, Erdkunde etc. an der Universität die entsprechenden Fächer und Didaktiken studieren, berühren die Inhalte des Schulfaches Sachunterricht Gebiete, für die an den Universitäten verschiedene natur- und sozialwissenschaftliche Disziplinen wie Biologie, Physik, Geschichte, Chemie, Geographie und Technik fachlich fundiertes Wissen und methodisch bewährte Verfahren zur Verfügung stellen.

Folgt man dem Abschlussbericht der von der Kultusministerkonferenz eingesetzten Kommission „Perspektiven der Lehrerbildung in Deutschland" und betrachtet die „gezielte Planung, Organisation, Gestaltung und Reflexion von Lehr-Lernprozessen" (Terhart 2000, 48) als Kernbereich der Kompetenz von Lehrerinnen und Lehrern auf die hin das Studium vorbereiten soll, dann stellt sich die Frage, an welchen Inhalten und Teilthemen dies für Sachunterricht sinnvoll und möglich ist.

Die Weiterentwicklung von Alltagskonzepten der Kinder über elektrischen Strom erfordert von Sachunterrichtslehrerinnen andere Fachkenntnisse und andere domänenspezifische diagnostische Kompetenzen als die bildungswirksame Korrektur der Präkonzepte über Schwimmen und Sinken (Jonen, Möller, Hardy 2003) oder der im Grundschulalter verbreiteten, erfahrungsnahen Vorstellung, das entscheidende Merkmal für Lebewesen sei ihre Fähigkeit zur Bewegung (vgl. Hasselhorn, Mähler 1998, 79f.).

Bezieht man auch noch die sozialwissenschaftlichen Anteile des Sachunterrichts ein, dann wird die Auswahl von Studieninhalten noch schwieriger. Um zum Beispiel die im frühen Grundschulalter verbreitete Vorstellung aufzugreifen, Händler würden für die Waren, die sie verkaufen, genauso viel bezahlen, wie sie selbst fordern (Claar 1993, 158), benötigt man andere Einsichten in Inhalte und Strukturen kindlicher Wirklichkeitsvorstellungen als für die Korrektur von Stereotypen über Mädchen- und Jungeneigenschaften (Richter 2000).

Die Orientierung an den Standards der Lehrerbildung wird im Studiengebiet Sachunterricht zu einer besonderen curricularen Herausforderung. Wer für Unterrichtsinhalte aus dem sozialwissenschaftlichen Bereich gelernt hat, „wie man mit Schülerinnen und Schülern einen Begriff oder ein Konzept aufbaut und anwendet und sie dabei aktiv arbeiten lässt" (Oser 2001, 241), der kann das noch nicht unbedingt für die naturwissenschaftlichen Inhalte dieses Faches.

Hier zeigt sich ein weiteres Beispiel dafür, dass wissenschaftlicher Fortschritt noch keine Lösungen für praktische Probleme der Lehrerbildung bietet. Selbst wenn wir heute wüssten, wie sich Präkonzepte über Schwimmen und Sinken, über den Stromkreis und über Geschlechtsrollenmerkmale nachhaltig und bildungswirksam korrigieren ließen, wäre damit nicht die grundlegende didaktische Frage zu klären, welche Teilgebiete in das Sachunterrichtsstudium einbezogen werden sollten. Wer wollte ernsthaft und seriös darüber entscheiden, ob es für die Orientierung in Gegenwart und Zukunft wichtiger ist, elementare Geschichtskenntnisse, grundlegende Einsichten aus den Naturwissenschaften, ökonomisches Grundwissen, soziologische Kenntnisse oder philosophische Grundorientierungen zu erwerben?

Die Gesellschaft für Didaktik des Sachunterrichts (GDSU) hat mit dem „Perspektivrahmen Sachunterricht" Bildungsstandards für das Fach vorgelegt und durch den dabei organisierten Verständigungsprozess zugleich eine Referenzbasis für die Ausbildung in diesem Fach geschaffen.[9]

Der Perspektivrahmen Sachunterricht formuliert aus dem Blickwinkel von fünf begründet ausgewählten Fachperspektiven die im Sachunterricht aufzubauenden Kompetenzen von Schülerinnen und Schülern. Die Auswahl der Fachperspektiven orientiert sich auch an den Schulfächern, die auf weiterführenden Schulen ähnliche Gebiete wie der Sachunterricht bearbeiten. Aber entscheidend für die Auswahl der Fachperspektiven war nicht die Existenz von Schulfächern mit ihren spezifischen Anforderungen, Inhalten und Leistungen. Vielmehr begründet der Perspektivrahmen die Auswahl mit dem Potenzial, das die jeweilige Fachkultur mit ihrer spezifischen „großen Idee" zur Grundlegung einer anschlussfähigen Bildung beisteuern kann.

Der Perspektivrahmen führt inhalts- und verfahrensbezogene Beispiele zum Aufbau der Kompetenzen aus, konkretisiert exemplarische Vernetzungen zwischen den einzelnen Perspektiven und zeigt Möglichkeiten zur Evaluation von Lernfortschritten (siehe Abb. 1).

Zwar werden Struktur und Inhalt des Perspektivrahmens sorgfältig begründet. Aber die Gesellschaft für Didaktik des Sachunterricht hat sich nicht damit begnügt, Akzeptanz allein durch Argumentation zu sichern. Vielmehr wurde die Ausarbeitung des Perspektivrahmens als Verständigungsprozess unter Einbeziehung von Vertretern unterschiedlicher Fachrichtungen und Einrichtungen der Lehrerbildung organisiert:

- In einem delphiorientierten Vorlauf wurden die Mitglieder der GDSU eingeladen, essentielle Inhalte und Methoden des Sachunterrichts zu formulieren. Diese Vorschläge wurden von einer Expertenkommission ausgewertet, zusammengefasst, mitgliederintern publiziert und auf einer Mitgliederversammlung des Fachverbandes beraten.
- Auf einer zweitägigen Klausurtagung erarbeitete die Expertenkommission die konzeptionellen und inhaltlichen Grundlagen des Perspektivrahmens. Anschließend konkretisierten spezialisierte Arbeitsgruppen, teils unter Hinzuziehung externer Experten, diese Vorgaben mit Bezug auf die einzelnen Fachperspektiven.
- Diese Ergebnisse wurden auf einer mehrtägigen Klausurtagung der Kommission „Perspektivrahmen Sachunterricht" unter Beteiligung der für Sachunterricht zu-

---

9 Bezugsquelle: Gesellschaft für Didaktik des Sachunterrichts (2002): Perspektivrahmen Sachunterricht. Bad Heilbrunn. Geschäftsstelle der GDSU, Prof. Dr. Diethard Cech, Hochschule Vechta, Postfach 1553, 49364 Vechta, Email: diethard.cech@uni-vechta.de, Tel. (04441) 15 242.

ständigen Vertreterinnen und Vertreter aus Behörden aller 16 Bundesländer beraten.
- Nach der verbandsinternen Veröffentlichung diskutierte die Mitgliederversammlung diesen ersten Entwurf. Danach konkretisierte die Expertenkommission die Kompetenzen, Inhalte, Verfahren und Evaluationsmöglichkeiten und stellte dies auf einer zweiten Klausurtagung den für Sachunterricht zuständigen Vertreterinnen und Vertretern aus Behörden aller 16 Bundesländer vor.
- Nach weiteren verbandsinternen Beratungen wurde der Perspektivrahmen in der vorliegenden Fassung veröffentlicht.

Abb. 1: Konkretisierung von Kompetenzen
  Beispiel: Naturwissenschaftliche Perspektive*

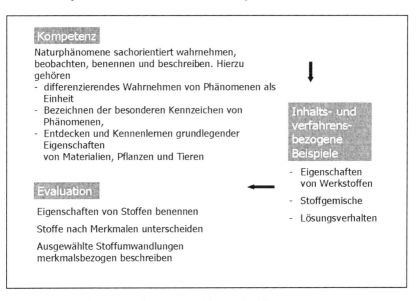

* nach Gesellschaft für Didaktik des Sachunterrichts 2002, 15ff.

Seit Erscheinen im zweiten Halbjahr 2002 wurde der Perspektivrahmen über 6000-mal verkauft. Inzwischen liegt auch eine englische Fassung vor. Die Bestellungen kommen überwiegend aus Hochschulen und Universitäten, wo der Perspektivrahmen Eingang in die Lehrerbildung findet. Hinzu kommen Bestellungen aus Studienseminaren der zweiten Phase. Weitere etwa 100 Einzelbestellungen verteilen sich zu etwa gleichen Anteilen auf Studierende sowie auf Lehrer und Lehramtsanwärter. Der Perspektivrahmen liegt allen Fachministerien vor. Stellungnahmen aus mehreren Ländern unterstreichen, dass er dort für die Rahmenplanarbeit sowie in der Lehrerfortbildung genutzt wird.

Schließlich fand er auch Eingang in die Diskussion anderer Fachgesellschaften. Teile des Perspektivrahmens finden sich in den Empfehlungen der Gesellschaft Deutscher Chemiker (GDCh) zur Ausbildung von Lehrerinnen und Lehrern für Sachunterricht (vgl. Gesellschaft Deutscher Chemiker 2002) und in den vom Grundschulverband vorgelegten Bildungsstandard für Grundschulen wieder (vgl. Grundschulverband – Arbeitskreis Grundschule 2003).

Mit der Kommunikation in verschiedenen Fach- und Anwendungskontexten bietet der Perspektivrahmen für die Didaktik des Sachunterrichts ein Mittel, die für die Lehrerbildung geforderte Verbindlichkeit, Transparenz und Abstimmung (DGfE 2003, 180; Keuffer, Oelkers 2001, 47) zu erreichen. Zudem bietet er Anschlüsse für die inhaltliche Vernetzung mit anderen Fächern, die an der Lehrerbildung beteiligt sind:

– Die am Sachunterricht beteiligten weiteren Fachdidaktiken könnten einzelne Unterrichtsinhalte bezogen auf verschiedene Kompetenzstufen methodisch aufbereiten.
– Die Schulpädagogik könnte den Bildungsgehalt der Standards reflektieren und geeignete Unterrichtsformen bereitstellen.
– Die Allgemeine Pädagogik könnte Bildungsstandards als interdisziplinäre Verständigungsprozesse analysieren, aber auch sozio-kulturellen Einflüssen bei der Formulierung von Bildungsstandards nachgehen sowie Fragen der Ungleichheit von Bildungschancen aufwerfen.
– Und die pädagogische Psychologie könnte Erkenntnisse über die jeweiligen Lernvoraussetzungen sowie diagnostische Kompetenzen beisteuern.

Vielleicht ist es zu optimistisch anzunehmen, dass dieses Potenzial zur inhaltlichen Vernetzung am professionsfördernden Essential „Bildungsstandard" auch außerhalb der Fachdidaktik Sachunterricht genutzt wird. Aber die Ausarbeitung des Perspektivrahmens ist Ausdruck eines „entschlossenen Pragmatismus" (Terhart 2003, 179). Dieser ist, wenn er reflexiv begleitet wird, neben der auf deklaratives Wissen zielenden Forschung der zweite Pfeiler, auf den die Lehrerbildung bauen sollte, um die Kluft zwischen Wissen und Handeln zu überbrücken.

Literatur

Bohnsack, F. (2000): Probleme und Kritik der universitären Lehrerausbildung. In: M. Bayer, F. Bohnsack, B. Koch-Priewe, J. Wildt (Hrsg.): Lehrerin und Lehrer werden ohne Kompetenzen? Professionalisierung durch eine andere Lehrerbildung. Bad Heilbrunn, 52-123.

Claar, A. (1993): Detailanalyse der Begriffkonstruktion: Die Integration von Teilbegriffen am Beispiel der Bank. In: W. Edelstein, S. Hoppe-Graff (Hrsg.): Die Konstruktion kognitiver Strukturen. Perspektiven einer konstruktivistischen Entwicklungspsychologie. Bern u.a., 156-177.

Deutsche Gesellschaft für Erziehungswissenschaft (2003): Stellungnahme der Deutschen Gesellschaft für Erziehungswissenschaft zur Lehrerbildung. In: H. Merkens (Hrsg.): Lehrerbildung in der Diskussion. Opladen, 179-180.
Faust, G. (2003): Probleme der Grundschullehrerausbildung in Deutschland. In: H. Merkens (Hrsg.): Lehrerbildung in der Diskussion. Opladen, 79-86.
Habermas, J. (1977): Erkenntnis und Interesse. 4. Auflage. Frankfurt/M.
Gerstenmaier, J./Mandl, H. (2000): Die Kluft zwischen Wissen und Handeln. In: dies. (Hrsg.): Die Kluft zwischen Wissen und Handeln. Empirische und theoretische Lösungsansätze. Göttingen u.a., 11-23.
Gesellschaft deutscher Chemiker (Hrsg.) (2002): Empfehlungen zur Ausbildung von Primarstufenlehrern/Primarstufenlehrerinnen im Fach Sachunterricht. In: Gesellschaft für Didaktik des Sachunterrichts. GDSU-Info, H. 22, 33-35.
Gesellschaft für Didaktik des Sachunterrichts (GDSU) (2002): Perspektivrahmen Sachunterricht. Bad Heilbrunn.
Gruber, H./Mandl, H./Renkl, A. (2000): Was lernen wir in Schule und Hochschule: Träges Wissen? In: J. Gerstenmaier, H. Mandl (Hrsg.): Die Kluft zwischen Wissen und Handeln. Göttingen u.a., 139-156.
Grundschulverband/Arbeitskreis Grundschule (2003): Bildungsansprüche von Grundschulkindern – Standards zeitgemäßer Grundschularbeit. In: Grundschulverband aktuell, Heft 81.
Hasselhorn, M./Mähler, C. (1998): Wissen, das auf Wissen baut: Entwicklungspsychologische Erkenntnisse zum Wissenserwerb und zum Erschließen von Wirklichkeit im Grundschulalter. In: J. Kahlert (Hrsg.): Wissenserwerb in der Grundschule. Bad Heilbrunn, 73-89.
Janich, P. (2000): Was ist Erkenntnis? Eine philosophische Einführung. München.
Jonen, A./Möller, K./Hardy, I. (2003): Lernen als Veränderung von Konzepten – am Beispiel einer Untersuchung zum naturwissenschaftlichen Lernen. In: D. Cech, H.-J. Schwier (Hrsg.): Lernwege und Aneignungsformen im Sachunterricht. Bad Heilbrunn, 93-198.
Keuffer, J./Oelkers, J. (Hrsg.) (2001): Reform der Lehrerbildung in Hamburg. Weinheim und Basel.
Luhmann, N. (1991): Soziologie des Risikos. Berlin, New York.
Luhmann, N. (1997): Die Gesellschaft der Gesellschaft, Band 2. Frankfurt/M.
Luhmann, N. (2002): Das Erziehungssystem der Gesellschaft. Frankfurt/M.
Merkens, H. (2003): Lehrerbildung in der Diskussion: Kriterien und Eckpunkte für eine Neuordnung. In: ders. (Hrsg.): Lehrerbildung in der Diskussion. Opladen, 9-22.
Oelkers, J. (1982): Intention und Wirkung. Vorüberlegungen zu einer Theorie pädagogischen Handelns. In: N. Luhmann, K.E. Schorr (Hrsg.): Technologie und Selbstreferenz. Fragen an die Pädagogik. Frankfurt/M., 139-194.
Oelkers, J. (2000): Überlegungen zum Strukturwandel in der Lehrerbildung. In: M. Bayer, F. Bohnsack, B. Koch-Priewe, J. Wildt (Hrsg.): Lehrerin und Lehrer werden ohne Kompetenzen? Professionalisierung durch eine andere Lehrerbildung. Bad Heilbrunn, 124-147.
Oelkers, J. (2001): Welche Zukunft hat die Lehrerbildung. In: Z.f.Päd., 43. Beiheft, 151-164.
Oser, F./Oelkers, J. (Hrsg.) (2001): Die Wirksamkeit der Lehrerbildungssysteme. Zürich.

Oser, F. (2001): Standards: Kompetenzen von Lehrpersonen In: F. Oser, J. Oelkers, a.a.O., 215-342.

Pöppel, E. (2000): Die Welt des Wissens – Koordinaten einer Wissenswelt. In: Ch. Maar, H.U. Obrist, E. Pöppel (Hrsg.): Weltwissen, Wissenswelt. Köln, 21-39.

Reinmann-Rothmeier, G./Mandl, H. (2000): Wissensmanagement im Unternehmen. Eine Herausforderung für die Repräsentation, Kommunikation und Nutzung von Wissen. In: Ch. Maar, H.U. Obrist, E. Pöppel (Hrsg.): Weltwissen, Wissenswelt. Köln, 271-282.

Richter, D. (2000): Zu Lehr-Lern-Prozessen über Vorurteile im erfahrungsorientierten Unterricht. In: dies. (Hrsg.): Methoden der Unterrichtsinterpretation. Qualitative Analysen einer Sachunterrichtsstunde im Vergleich. Weinheim, München, 219-234.

Schaefers, Chr. (2002): Forschung zur Lehrerausbildung in Deutschland – eine bilanzierende Übersicht der neueren empirischen Studien. In: Schweizerische Zeitschrift für Bildungswissenschaften, 21. Jg., Heft 1, 65-68.

Schecker, H.P. (2003): Fachdidaktische Impulse für die Neuordnung der Lehrerbildung. In: H. Merkens (Hrsg.): Lehrbildung in der Diskussion. Opladen, 105-118.

Serres, M. (Hrsg.) (1998): Elemente einer Geschichte der Wissenschaften. Frankfurt/M.

Stehr, N. (2000): Die Zerbrechlichkeit moderner Gesellschaften. Göttingen.

Stern, E. (2002): Wie abstrakt lernt das Grundschulkind? Neuere Ergebnisse der entwicklungspsychologischen Forschung. In: H. Petillon (Hrsg.): Individuelles und soziales Lernen in der Grundschule – Kindperspektive und pädagogische Konzepte. Jahrbuch Grundschulforschung 5. Opladen, 27-42.

Terhart, E. (Hrsg.) (2000): Perspektiven der Lehrerbildung in Deutschland. Abschlussbericht der von der Kultusministerkonferenz eingesetzten Kommission. Weinheim, Basel.

Terhart, E. (2001): Lehrerberuf und Lehrerbildung. Forschungsbefunde, Problemanalysen, Reformkonzepte. Weinheim, Basel.

Terhart, E. (2002): Nach PISA. Hamburg.

Terhart, E. (2003): Reform der Lehrerbildung: Chancen und Risiken. In: I. Gogolin, R. Tippelt (Hrsg.): Innovation durch Bildung. Beiträge zum 18. Kongress der Deutschen Gesellschaft für Erziehungswissenschaft. Opladen, 163-179.

Ulich, K. (1996): Lehrer/innen-Ausbildung im Urteil der Betroffenen. Ergebnisse und Folgerungen. In: Die Deutsche Schule, 88. Jg., Heft 1, 41-53.

Weiler, H.N. (2003): Bildungsforschung und Bildungsreform – Von den Defiziten der deutschen Erziehungswissenschaft. In: I. Gogolin, R. Tippelt (Hrsg.): Innovation durch Bildung. Beiträge zum 18. Kongress der Deutschen Gesellschaft für Erziehungswissenschaft. Opladen, 181-202.

Weinert, F.E. (2000): Lehr-Lernforschung an einer kalendarischen Zeitwende: Im alten Trott weiter ohne Aufbruch zu neuen wissenschaftlichen Horizonten? In: Unterrichtswissenschaft, H. 1, 44-48.

Wiesner, H. (1995): Untersuchungen zu Lernschwierigkeiten von Grundschülern in der Elektrizitätslehre. In: Sachunterricht und Mathematik in der Primarstufe, 23. Jg., H. 2, 50-58.

Willke, H. (1998): Systemisches Wissensmanagement. Stuttgart.

Zusammenfassung der Diskussion (2)

(Maria Fölling-Albers)

Zu den drei Impulsreferaten von F. Heinzel, J. Kahlert und K. Möller

Die Diskussionen zu den drei Impulsreferaten bezogen sich auf thematische Schwerpunkte, 1) auf die Bologna-Erklärung zur Einführung gestufter Studiengänge sowie vor allem 2) auf die Ausbildung naturwissenschaftlicher Kompetenzen in der Grundschullehrerbildung und in der Grundschule.

Es wurde kritisch bemerkt, dass die Bologna-Erklärung bereits als Beschwörungsformel für postulierte Veränderungen genutzt, in der Disziplin hingegen nicht mehr diskutiert werde. Denn diese Erklärung habe für die Lehrerbildung ein Dilemma erzeugt, weil einerseits eine Berufsorientierung bereits in der ersten Phase der Ausbildung angestrebt und gleichzeitig eine Polyvalenz gewährleistet werden solle.

Es wurde festgehalten, dass eine Überführung der Lehramtsstudiengänge in gestufte Studiengänge nicht als solche bereits für die Lehrerbildung problematisch sein müsse. Es müsse allerdings sichergestellt werden, dass schon in der ersten Phase der Aufbau einer professionsorientierten Identität erzeugt werde. Auch in BA/MA-Modellen müsse eine grundständige Lehrerbildung erhalten bleiben. Die professionsorientierte Perspektive werde bei der Grundschullehrerbildung am ehesten durch eine Verknüpfung fachbezogener Themen mit Lerntheorien sowie mit Konzepten zur Entwicklung von Kindern erzeugt. Das gelte insbesondere für den naturwissenschaftlichen Schwerpunkt.

Es wurde betont, dass die naturwissenschaftlichen Inhalte (insbesondere von einem hohen Anteil weiblicher Studierender im Grundschullehramt) nur dann akzeptiert würden, wenn von Anfang an eine Verknüpfung von Fachwissenschaften und Fachdidaktik sichergestellt werde. Der Ausgangspunkt der Curricula müsse das Lernen der Kinder sein – über die Fragen der Kinder sowie über die Frage, wie man Lehr-Lern-Situationen gestalten könne. Um diese Fragen zu beantworten, müsse man allerdings auch zu den fachspezifischen Inhalten vordringen. Im naturwissenschaftlichen Sachunterricht der Grundschule gehe es nicht um die Vermittlung einer möglichst großen Vielfalt an Themen und Lerninhalten; vielmehr solle eine exemplarische Auswahl getroffen werden, die anschlussfähiges Weiterlernen in der Sekundarstufe ermögliche.

Es wurde weiterhin betont, dass die Grundschule nicht nur die Frage der Auswahl der Themen beantworten müsse, sondern auch entscheiden müsse, welche Modellbildung bei den Kindern in der Grundschule angestrebt werde – was somit der Kern beim Aufbau von (natur-)wissenschaftlichen Konzepten im Grundschulalter sei. Es könne einfach nicht in verschiedenen Altersjahrgängen und Schulstufen derselbe Inhalt wiederholt werden (z.B. Stromkreis), ohne dass eine erkennbare, qualitativ neue Ebene des Verstehens angestrebt und erreicht werde.

Es wurde hervorgehoben, dass es beim naturwissenschaftlichen Sachunterricht darum gehen müsse, dass zunächst für Kinder bedeutsame Themen aufgegriffen und bearbeitet würden; sie sollten aber auch erfahren, dass sie im Alltag oft nicht belastbare Konzepte erworben hätten, die es dann durch Unterricht und schulisches Lernen zu verändern gelte. Um dies zu erreichen, wurde eine Integration von fachwissenschaftlicher und fachdidaktischer Ausbildung für Studierende des Lehramts an Grundschulen als unverzichtbar angesehen. Bei einer Einführung gestufter Studiengänge müsse dieses sichergestellt werden.

Es wurde des Weiteren hervorgehoben, dass daneben eine integrierte naturwissenschaftliche Didaktik wünschenswert sei, bei der die einzelwissenschaftlichen Fachinhalte verknüpft würden. Ein solcher Zugang würde auch dem Ursprung der naturwissenschaftlichen Disziplinen entsprechen.

Ursula Neumann

Die Berücksichtigung sprachlicher und kultureller Heterogenität in der Lehrerbildung für die Grundschule

Eines der wichtigsten Ergebnisse der PISA-Studie wurde auch durch die IGLU-Studie bestätigt: Der Zusammenhang zwischen sozialer und sprachlich-kultureller Herkunft mit den erzielten schulischen Leistungen ist in keinem der an den Untersuchungen beteiligten Länder so groß wie in Deutschland. Kinder und Jugendliche mit Migrationshintergrund werden im deutschen Bildungssystem zwar nicht direkt aufgrund ihrer Herkunft benachteiligt – auch dies konnte in der PISA-Studie nachgewiesen werden (Deutsches PISA-Konsortium 2001, 379) –, doch sind sie strukturell benachteiligt in einem durch hochgradige soziale Selektivität geprägtem Schulsystem. Zugewanderte leben häufiger als Nichtzugewanderte in prekären ökonomischen Verhältnissen, was im deutschen Schulsystem viel stärker als in anderen den Schulerfolg determiniert. Jugendliche, deren beide Elternteile nicht in Deutschland geboren sind, besuchen zu etwa 50% die Hauptschule; das sind fast doppelt so viele wie andere 15-Jährige, deren Eltern in Deutschland geboren sind. Nur 15% der Jugendlichen mit Migrationshintergrund besuchen hingegen das Gymnasium, halb so viele wie die gleichaltrigen mit Eltern aus Deutschland (ebd., 373).

Im folgenden soll kurz betrachtet werden, in welchen Punkten die „Internationale Grundschul-Leseuntersuchung" IGLU die Erkenntnisse aus der PISA-Studie bestätigt und differenziert. Weiterhin sollen einige Gründe für die schlechteren Leistungen der Schule in Deutschland bei der Wahrnehmung ihres Bildungsauftrages für Migrantenkinder diskutiert und Anmerkungen dazu gemacht werden, wie der Umgang mit sprachlicher und kultureller Heterogenität in der Grundschule verbessert und in der Lehrerbildung berücksichtigt werden könnte.

1. Zum gesellschaftspolitischen Hintergrund

Mit dem Zuwanderungsgesetz wäre 2002 eine gesetzliche Akzeptanz der faktischen Lage, dass Deutschland Einwanderungsland war und bleiben wird, erfolgt – wäre es denn zustande gekommen. Doch auch ohne dies kann prognostiziert werden, dass in Zukunft der Zuwanderungsbedarf sowie die tatsächliche Zuwanderung zunehmen werden. Die Gründe sind folgende:

1. Die Osterweiterung der EU wird zu mehr Mobilität führen und entsprechende Vorkehrungen im Bildungsbereich erfordern.
2. Es besteht ein Interesse der Wirtschaft an qualifizierten Arbeitskräften in Branchen, in denen der Bedarf nicht erfüllt werden kann.
3. Einige demographische Trends werden Zuwanderung bewirken: Durch Geburtenrückgang, eine Erhöhung der Lebenserwartung und die Vergrößerung des Generationenabstandes entsteht ein großer Bedarf an gering entlohntem Pflegepersonal. Die Geburt von mehr Jungen als Mädchen sowie kulturelle und soziale Bindungen an die Herkunftsländer von Migranten werden eine verstärkte Heiratsmigration nach sich ziehen.

Der Bedarf an Zuwanderung wird aber kaum gedeckt werden können, weil diese Trends auch in anderen europäischen Ländern bestehen und die Attraktivität Deutschlands, besonders für qualifizierte Zuwanderer, im Vergleich zu diesen nicht besonders hoch ist. Die wirtschaftlich gewünschte Einwanderung von Menschen aus anderen Ländern und Kontinenten und deren friedliche Gestaltung zum Wohle aller setzt die Verbesserung der Konfliktfähigkeit und Stabilität der Gesellschaft voraus. Notwendig ist eine entsprechende Bundes-, Landes- und Kommunalpolitik in allen Feldern, also nicht nur in der Bildungspolitik, dennoch ist klar, dass Bildung einen wichtigen Beitrag zum Integrationsprozess leisten muss.

Dieser Beitrag liegt sowohl auf gesellschaftlicher als auch auf individueller Ebene. Zu gesellschaftlicher Stabilität trägt Bildung dann bei, wenn durch sie soziale Gerechtigkeit hergestellt wird. Das bildungspolitische Bemühen gegenüber den Fragen von Migration ist also daran zu messen, wie weit es gelingt, Kindern mit einem Migrationshintergrund dieselben Bildungschancen zu eröffnen wie einheimischen Kindern. Ebenfalls auf der gesellschaftlichen Ebene liegt die Funktion von Bildung, die menschlichen Ressourcen optimal zu nutzen, also die Kinder, betrachtet als Humankapital, optimal auszubilden, um so einen Wettbewerbsvorteil auf dem Weltmarkt zu erlangen. Im Zusammenhang mit Migration ist besonders das Potential an Mehrsprachigkeit, über das Migrantenfamilien verfügen, eine solche Ressource; sie wird im übrigen durch die Prozesse der weltweiten Kommunikation immer wichtiger – trotz der Bedeutungszunahme von Englisch als Weltverkehrssprache. Auf der individuellen Ebene, dem Beitrag von Bildung zur Persönlichkeitsbildung, ist bei Kindern mit Migrationshintergrund zu beachten, dass diese Kinder über besondere Sozialisations- und Bildungsvoraussetzungen verfügen – ganz wesentlich sind auch hier ihre sprachlichen Voraussetzungen.

2. Heterogenität als Bildungsvoraussetzung

Wie in mehreren historischen Studien belegt wurde (vgl. zusammenfassend Krüger-Potratz 2003), ist der Umgang mit Differenz und Pluralität in der deutschen Schule von der Entwicklung des Nationalstaats im 19. Jahrhundert geprägt worden. Die damals etablierte „Schule für alle" fungierte als zentrale Institution für die Durchsetzung des Ideals ethnischer, sprachlicher, nationaler und kultureller Homogenität des Nationalstaats. Sie wirkte mit an der Abgrenzung eines homogen gedachten „Eigenen" vom „Fremden" anderer Kulturen und Sprachen. Nach Krüger-Potratz waren dafür drei Entwicklungslinien entscheidend, die bis heute gezogen werden können: *Zum Ersten* wurde Deutsch als Amts- und Unterrichtssprache etabliert, wobei andere Varietäten und Minderheitensprachen zu „schlechtem Deutsch" (Neumann 2000) oder „Fremdsprachen" erklärt wurden. Die Beherrschung des Deutschen wurde zum Selektionskriterium. *Zum Zweiten* sei durch die Einführung von „Gesinnungsfächern" (Deutsch/Muttersprache, Geschichte/Heimatkunde, christliche Religion) und damit verknüpften didaktisch-methodischen Instrumenten die Herausbildung und Festigung einer nationalen, ethnisch basierten Identität und monoperspektivischen Weltsicht gelungen (Krüger-Potratz 2003, 84). *Zum Dritten* wurden Ordnungsprinzipien zur Sortierung der Schülerschaft z.B. nach Alter, Geschlecht, Begabung und Leistung eingeführt, die die Überzeugung etablierten, dass Bildung in homogenen Lerngruppen erfolgreicher verliefe als unter Bedingungen von Heterogenität – und dass diese herstellbar sei. Diese Prinzipien gelten, mit Ausnahme der offenen Selektion nach Geschlecht, bis in die Gegenwart und finden ihr Pendant in der Lehrerausbildung und -bezahlung.

Am damals geschaffenen Konsens, dass kulturelle und sprachliche Pluralität nicht „normal" und für die Gesellschaft wünschenswert sei, dass die Schule zur Homogenität beizutragen habe, ist auch infolge der Arbeitsmigration, dem Zuzug von Flüchtlingen und Aussiedlern in den letzten 50 Jahren kein grundlegender Wandel vollzogen worden. Zum Beispiel ist heute, wie die IGLU-Ergebnisse zeigen, die Deutschnote das entscheidende Kriterium für die Übergangsempfehlung am Ende des vierten Schuljahres in der Grundschule. Auch wird die Heterogenität der Schülerschaft in den üblichen deutschen Schulstatistiken kaum erfasst. Es wird lediglich die Staatsangehörigkeit erhoben; über andere Merkmale kultureller Heterogenität liegen keine Daten vor. Erstmalig mit der PISA-Untersuchung wurde der Faktor „Migrationshintergrund" weiter aufgeschlüsselt, indem die Merkmale Geburtsort der Elternteile außerhalb Deutschlands, „Umgangssprache" in der Familie und Verweildauer der Jugendlichen in Deutschland erhoben wurden. In IGLU wurde darüber hinaus die Frage gestellt, welche Sprachen die Kinder gelernt haben und wie häufig sie zu Hause Deutsch sprechen. Als weitere Merkmale von Heterogenität, die in der Schule eine Rolle spielen, sind das Geschlecht und die Sozialschicht erfasst worden. Für künftige Untersuchungen wäre anzuregen, außerdem noch die religiöse Zugehörigkeit sowie den rechtlichen Status zu erheben, da diese ebenfalls einen Einfluss auf die Bildungsvoraussetzungen und den Sozialisationsprozess von Kindern und Jugendlichen haben.

3. Zu einigen Ergebnissen von PISA und IGLU

Beide Studien haben die Leistungsdifferenz zwischen Schülerinnen und Schülern mit und ohne Migrationshintergrund ermittelt. Am höchsten ist sie im Bereich Deutsch bzw. der Lesekompetenz im Deutschen. Mit IGLU und PISA wurden aber auch die mathematischen und naturwissenschaftlichen Leistungen der Schülerinnen und Schüler gemessen. Auch in diesem Bereich war das deutsche Schulsystem nicht besonders erfolgreich, was mit der Tatsache zu erklären ist, dass auch diese Leistungen sprachlich vermittelt sind. Das PISA-Konsortium vermerkt dazu, dass „die Beherrschung der deutschen Sprache auf einem dem jeweiligen Bildungsgang angemessenen Niveau" entscheidend sei (Deutsches PISA-Konsortium 2001, 379). Im Vergleich der Bundesländer mit ihren je spezifischen und höchst unterschiedlichen Zusammensetzungen der Schülerschaft im Hinblick auf den Migrationshintergrund (PISA-E-Studie, Deutsches PISA-Konsortium 2003) zeigte sich, dass es Ländern mit einem hohen Migrantenanteil durchaus gelingen kann, ihre Schülerinnen und Schüler insgesamt zu Schulleistungen zu führen, die ebenso gut oder besser sind als in Ländern ohne bzw. mit sehr wenig Zugewanderten (z.B. den östlichen Bundesländern). Im Hinblick auf diese Frage sind die zu erwartenden weiteren IGLU-Auswertungen interessant ebenso wie die Ergebnisse der Fortsetzungsuntersuchung von LAU in Hamburg (KESS). Die Erhebungen in den vierten Schuljahren der Grundschule mit einer Erweiterung der Fragen, die das Phänomen von sprachlicher und kultureller Heterogenität betreffen, und einem Oversampling für Migrantenschülerinnen und -schüler ist im Juni 2003 erfolgt.

Wenngleich die IGLU-Ergebnisse diejenigen der PISA-Studie in den allgemeinen Resultaten untermauern und auch hier der Zusammenhang zwischen sozialer Schicht und erreichtem Leistungsniveau in Deutschland (und Ungarn) höher ist als in allen anderen beteiligten nationalen Schulsystemen, ist doch eine Diskrepanz in den Befunden zu verzeichnen, die aufschlussreich ist. Zunächst hat Deutschland bei IGLU international besser abgeschnitten als bei PISA: mit dem elften Rang von 35 beteiligten Ländern liegen die Leistungen der Grundschulen im oberen Drittel. Sie erwiesen sich aber nicht nur als höher, sondern die Streuung war bei den Viertklässlern auch geringer als bei den 15-Jährigen. Der Grundschule gelingt es als Schulform also besser als der Sekundarstufe, mit der größten Heterogenität in der Schülerschaft einen relativ homogenen Leistungsstand der Kinder zu erreichen – wenngleich auch schon zum Nachteil der Kinder mit Migrationshintergrund. Doch erst in der Sekundarstufe nimmt die Entwicklung für diese Schülergruppe einen dramatischen Verlauf: Nur 50% der Schülerinnen und Schüler überschreitet die Kompetenzstufe I, kann also einem Text mehr als einzelne Wörter und Sachinformationen entnehmen. Und das, obwohl 70% von ihnen die gesamte Schullaufbahn in Deutschland absolviert hatten. In der Grundschule ist der

Anteil der Kinder mit Migrationshintergrund höher. Sie sind aber auch zu einem noch höheren Anteil (75%) in Deutschland geboren, und etwa 90% haben sogar durchgehend die deutsche Schule besucht. Dennoch sind ihre Leistungen in allen getesteten Bereichen geringer als die der Kinder aus Familien ohne Migrationshintergrund. Kinder mit einem Elternteil, das im Ausland geboren ist, schneiden in allen drei Kompetenzbereichen zirka um ein Drittel schlechter ab als Kinder, die ein Elternteil haben, das in Deutschland geboren wurde. Noch einmal um ein Drittel besser schneiden die Kinder ab, deren beide Eltern aus Deutschland stammen. Anders als in der PISA-Studie ist der Zusammenhang zwischen Lesekompetenz und Mathematik nicht ganz so eng: In der Grundschule wirkt sich offensichtlich das Maß der Deutschkenntnisse weniger stark auf die Mathematikleistungen aus als in den Naturwissenschaften.

Diese Ergebnisse sprechen dafür, dass es künftig sowohl darum gehen muss, den Erwerb von Deutsch vor Beginn der Grundschulzeit zu sichern, als auch darum, Deutsch in jedem Fach und mit sich steigernder Komplexität auch in der Sekundarstufe zu vermitteln. Auch ist in den angeführten internationalen Studien die Tendenz erkennbar, dass die Jugendlichen aus zugewanderten Familien mit gleicher Lesekompetenz wie solche ohne Migrationshintergrund häufiger in mittlere bis höhere Bildungsgänge eintreten. Daraus lässt sich prinzipiell auf ein beträchtliches Potenzial an Bildungsbereitschaft und Bildungsfähigkeit schließen. Die Förderung dieses Potenzials ist geboten.

Bereits am Ende der Grundschulzeit korrelieren die Leistungsergebnisse der Kinder mit dem sozialen Status ihrer Familien. Doch auch wenn der Mittelwert nach dem ISEI (International Socio-Economic Index) mit 40,4 bei Migrantenfamilien deutlich unter dem bei Familien liegt, in denen beide Elternteile in Deutschland geboren sind (46,5), und 31,1% der untersten Sozialschicht angehören (Bos u.a. 2003, 280), so zeigt sich auf der anderen Seite auch, dass die Gruppe der Migrantenfamilien sehr viel heterogener in Bezug auf ihren ökonomischen und sozialen Status ist, als üblicherweise angenommen wird. Auch unter ihnen sind 12,6 % in der oberen Dienstklasse beschäftigt. In Bezug auf die Strukturmerkmale der Familien fällt auf, dass Kinder aus Migrantenfamilien deutlich seltener ohne Geschwister aufwachsen und fast ein Viertel von ihnen drei und mehr Brüder und Schwestern haben (ebd., 269). Anders als zur Zeit der Gastarbeiteranwerbung sind ihre Mütter heute seltener berufstätig als Mütter in Familien ohne Migrationsgeschichte. Die bei Ausländern doppelt so hohe Arbeitslosigkeit (2002: 19,1%) wie bei Deutschen (2002: 9,8%) ist auch in den IGLU-Daten abzulesen: Bei 62,1% der Kinder, deren beide Eltern im Ausland geboren sind, arbeitet der Vater, während dies bei Kindern, deren Familie keine Migrationsgeschichte hat, 78% sind (ebd.).

4. Was bedeutet sprachliche und kulturelle Heterogenität für die Grundschule?

Sprachliche und kulturelle Heterogenität aufgrund von Migrationsprozessen ist vornehmlich ein Phänomen der westlichen Bundesländer und der großstädtischen Konglomerate: in den „alten Ländern" haben 25% der Viertklässler einen Migrationshintergrund und 81,7% leben in Städten. Die Daten der PISA-Untersuchung deuten in dieselbe Richtung: in den Stadtstaaten Hamburg und Bremen sind 38,5% bzw. 40,7% der 15-Jährigen Migrantenjugendliche, in Hessen und Nordrhein-Westfalen fast ein Drittel, in Bayern hingegen nur 22,4% (Deutsches PISA-Konsortium 2003). In den westdeutschen Gebieten und den Großstädten sind zwei Trends zu beobachten, die die Heterogenität der Schülerschaft bestimmen. Zum einen ist eine höhere Konzentration, d.h. eine Zunahme des Anteils von Kindern mit Migrationshintergrund zu verzeichnen und gleichzeitig eine höhere Diversifizierung, d.h. eine Zunahme der nationalen Herkünfte der Kinder und der Zahl der Sprachen, über die sie verfügen. Beide Merkmale von Heterogenität können allerdings nicht länger an den Staatsangehörigkeiten der Kinder unmittelbar abgelesen werden, da nach dem neuen Staatsangehörigkeitsgesetz (in Kraft getreten am 1.1.2000) zirka 40% der Kinder, die jährlich in ausländischen Familien geboren werden, automatisch die deutsche Staatsangehörigkeit erhalten. Kinder aus binationalen Ehen und solche, deren Eltern als Aussiedler bzw. Spätaussiedler nach Deutschland eingewandert sind, weisen in sprachlicher, kultureller und religiöser Hinsicht ähnlich vielfältige Merkmale auf wie Kinder nichtdeutscher Nationalität und erhöhen die sprachlich-kulturelle Pluralität der Schülerschaft.

Nur 20% (ebd., 279) der Kinder mit Migrationshintergrund, die an der IGLU-Studie teilnahmen, haben eigene Migrationserfahrungen gemacht; es muss sich dabei um die Kinder von Spätaussiedlern und Flüchtlingen handeln, da der Nachzug von Kindern im Rahmen der Familienzusammenführung in Deutschland quantitativ kaum noch eine Rolle spielt. Die meisten dieser Kinder sind vor ihrer Einschulung zugewandert, immerhin 5% aber während der Grundschulzeit (ebd.). In diesen Daten zeigt sich die Fortdauer der Zuwanderung nach Deutschland. Für die Institutionen der Bildung und Erziehung hat dies zur Konsequenz, dass es als Daueraufgabe anzusehen ist, Eingliederungsmaßnahmen vorzusehen, die den Übergang in den Elementar- und Primarbereich erleichtern.

Es ist auch deshalb davon auszugehen, dass Integration und die Vermittlung von Deutsch als Zweitsprache zu den Daueraufgaben des deutschen Bildungssystems gehören werden, weil neben der aller Wahrscheinlichkeit nach fortdauernden Zuwanderung ein neues Phänomen zu beobachten ist: eine zunehmende Tendenz zur „Transmigration" (Pries 1997, 200). Hierunter wird eine Wanderungsbewegung verstanden, die nicht klar zwischen Herkunfts- und Ankunftsgesellschaft verläuft, sondern temporärer Art, z.B. in Form eines Pendelns zwischen zwei Regionen, ist. So ermöglicht z.B. die EU-Freizügigkeit ein Leben in „transnationalen sozialen Räumen" mit eigenen Strukturen und lebensweltlichen Praktiken, die nicht eindeutig auf ein Land, eine Kultur oder eine Sprache festgelegt sind. Mehrsprachigkeit und der Erhalt der sprachlichen Ressourcen innerhalb der Familien und sozialen Netzwerke ist Voraussetzung und Folge transnationaler Orientierungen und Lebensweisen.

Die historische Erfahrung mit sprachlicher Entwicklung in Einwanderungsgesellschaften scheint heute nicht länger zutreffend zu sein. Während bis zur Mitte des 20. Jahrhunderts das Generationenmodell Gültigkeit hatte, nach dem etwa ab der dritten Generation nach der Einwanderung eine Assimilation an die Umgebungssprache des Einwanderungslandes eintrat, ist dieses Muster aus demografischen, technischen und kulturellen Gründen heute nicht mehr typisch. Neben dem Erlernen der deutschen Sprache als Verkehrssprache und Amtssprache tritt der Erhalt der „mitgebrachten" Sprachen, die von hoher Vitalität sind. In einem Überblick über den Stand der nationalen und internationalen Forschung zum Spracherwerb zweisprachig aufwachsender Kinder und Jugendlicher konstatieren Reich u.a., dass „für die Bundesrepublik Deutschland gilt, dass das Grundmuster der Zuordnung der Herkunftssprache zur Familiendomäne, der Zweitsprache Deutsch zu den Domänen der Bildung, Arbeit und der Öffentlichkeit unschwer zu erkennen ist, dass aber auch Prozesse der Hereinnahme des Deutschen in die Familienkommunikation und Prozesse des Ausgreifens der Herkunftssprachen in Bereiche der öffentlichen und der beruflichen Kommunikation zu beobachten sind" (2003, 8f.). Die anhaltende Neueinwanderung, die sozialräumliche Konzentration von Sprechergruppen, die erheblich erweiterten Mobilitäts- und Kommunikationsmöglichkeiten und das kulturelle Selbstbewusstsein der neuen Minderheiten wirke spracherhaltend.

Belegt wird die Vielfalt der Sprachkenntnisse von Grundschulkindern u.a. durch eine neuere Untersuchung (Fürstenau, Gogolin, Yağmur 2003) in Hamburg, bei der sämtliche 46190 Grundschülerinnen und -schüler im Hinblick auf ihre sprachlichen Ressourcen befragt wurden. Etwa 35% der Kinder gaben an, zu Hause mindestens eine weitere Sprache außer oder statt Deutsch zu sprechen (ebd., 48). Auch die IGLU-Studie hatte zum Ergebnis, „dass ein substantieller Anteil von 35% der Kinder mehrsprachig aufwächst" (Bos u.a. 2003, 278). Das Spektrum der Herkunftssprachen von Migrantenkindern ist einerseits groß (in Deutschland, ähnlich wie in Schweden, ca. 100 verschiedene Sprachen; in London aber mehr als 300; vgl. Reich, Roth 2002, 7), andererseits aber durchaus bewältigbar, wollte man die Kinder in diesen Sprachen unterrichten. Nach den Daten der Hamburger Untersuchung decken die 20 häufigsten Sprachen, die jeweils von mehr als 100 Grundschülern gesprochen werden, 93% aller Sprecher ab (Fürstenau, Gogolin, Yağmur 2003, 51).

Nach den Daten beider Untersuchungen ist der Anteil der Kinder, die vor Beginn ihrer Schulzeit nicht deutsch gelernt haben, eher klein (ca. 5%; vgl. ebd.); es kann aber nicht davon ausgegangen werden, dass diese Deutschkenntnisse immer den Erwartungen der aufnehmenden Grundschulen entsprechen, wie die Aktivitäten vieler Bundesländer und Städte zur Entwicklung von Sprachstandsdiagnoseverfahren in den letzten Jahren zeigen. Diese Verfahren sollen zur Erfassung der sprachlichen Fähigkeiten von Kindern vor Schuleintritt dienen, auf deren Grundlage Entscheidungen über spezifische Förderangebote im Elementarbereich bzw. in der Vor- und Grundschule getroffen werden sollen.

5. Konsequenzen für die Grundschule und die Lehrerbildung

Seit Beginn der 1970er Jahre wird in der Lehrerbildung auf die Herausforderungen reagiert, die durch die Folgen der Arbeitsmigration für Bildung und Erziehung entstanden sind. Zunächst lag der Schwerpunkt bei Lehrerfortbildungsaktivitäten, die dem kompensatorischen Gedanken verpflichtet waren und zielgruppenspezifische Lösungen entwickeln und umsetzen sollten: Unterricht in Vorbereitungsklassen, Deutsch als Fremdsprachenunterricht, Förderunterricht für „Seiteneinsteiger" und die Koordination zwischen „muttersprachlichem Unterricht" in den Herkunftssprachen der Migrantenkinder und dem Deutschunterricht insbesondere bei der Alphabetisierung. Diese Fortbildungsangebote unterstützten ebenso wie die ab Beginn der 1980er Jahre an einigen Universitäten eingerichteten Zusatzstudiengänge die Vorstellung, dass sprachlich-kulturelle Heterogenität eine Ausnahme darstelle, für deren pädagogische Bewältigung zusätzliche Kompetenzen erworben werden müssten.

Ebenso wie in den Schulen die Einrichtung spezieller Maßnahmen und Vorkehrungen für einwandernde Kinder das Regelsystem entlasteten und in seiner Struktur bestätigten, blieb auch das Lehrerausbildungssystem durch die Zusatzstudiengänge unangetastet. Bis in die Gegenwart ist es keineswegs gesichert, dass alle angehenden Lehrerinnen und Lehrer während ihrer Ausbildung die Bedeutung von sprachlicher und kultureller Heterogenität für Bildungsprozesse kennen lernen und Qualifikationen zum Umgang mit Heterogenität erwerben. Allerdings sind in einigen Bundesländern (z.B. in Baden-Württemberg und Bayern) entsprechende Themen in die Lehrerprüfungsordnung aufgenommen worden und in anderen (Berlin, Schleswig-Holstein, Nordrhein-Westfalen) Versuche mit einem verpflichtenden Angebot für Lehramtsstudierende gemacht worden. An den Berliner Hochschulen müssen sie an einer zweistündigen Lehrveranstaltung zum Thema „Arbeit mit Schülerinnen und Schülern anderer Herkunftssprachen" teilnehmen, und in Nordrhein-Westfalen wurde das zweistündige verpflichtende Lehrangebot im Bereich der Prüfungsordnung „Kulturelle Wertorientierungen" wieder auf freiwillige Basis gestellt.

Das breiteste freiwillige Angebot besteht in den Bundesländern nach Lehrerprüfungsordnungen bzw. in einzelnen Universitäten in Hinsicht auf das Fach Deutsch. In Schleswig-Holstein sind Lehramtsstudierende des Faches Deutsch verpflichtet, in einer zweistündigen Lehrveranstaltung Grundkenntnisse in „Deutsch als Zweitsprache" zu erwerben. In Hessen kann „Deutsch als Fremdsprache" in allen Lehrämtern grundständig studiert bzw. in Form einer Erweiterungsprüfung nachgewiesen werden. Die Universität Greifswald (Mecklenburg-Vorpommern) bietet „Deutsch als Fremdsprache" an, das als „Beifach" in der Lehrerausbildung gewählt werden kann. Zwei Bundesländer bieten die Möglichkeit einer Schwerpunktbildung innerhalb des Faches Deutsch: „Didaktik des Deutschen als Zweitsprache" in Bayern und „Deutsch mit dem Schwerpunkt Deutsch als Zweitsprache" in Hamburg. In Sachsen ist „Deutsch als Zweitsprache" zulässiges Fach in der Erweiterungsprüfung in der Lehrerausbildung.

Während also alle Bundesländer entweder Aufbaustudiengänge, Zusatzqualifikationen[1] oder Schwerpunktbildungen ermöglichen, ist in Brandenburg die Thematik Interkultureller Bildung auf die zweite Ausbildungsphase verlagert und im Saarland nicht vorgesehen. Bislang gibt es bundesweit aber kein Modell der Lehrerbildung, das strukturell und inhaltlich die Frage, wie die Querschnittsaufgabe des Umgangs mit Heterogenität in Bildung und Erziehung wahrgenommen werden kann, gelöst hätte. Das Angebot im grundständigen Studium erreicht nur einen Bruchteil der Studierenden, nicht einmal alle angehenden Deutschlehrerinnen und -lehrer.

Auf ein weiteres strukturelles Problem weist Krüger-Potratz (2003, 86f.) hin: Parallel und unverbunden mit den Fragen interkultureller Bildung habe die Öffnung und Neuorientierung nationaler Bildung mit Blick auf die „Europäische Dimension im Bildungswesen" im Kontext der europäischen Integration eine starke Dynamik entwickelt. In diesem Zusammenhang werde „Europäische Bildung" als grenzüberschreitend verstanden und die kulturelle Vielfalt der Europäischen Union als Summe homogener nationaler Kulturen gedacht. Die sprachlich-kulturelle Heterogenität im Inneren der Mitgliedsstaaten werde weitgehend ignoriert. Die seitdem zu beobachtende Gründung von speziellen Studiengängen wie „Europalehramt" oder die neugeschaffe-

---

1 Angebote für „Deutsch als Zweitsprache/Interkulturelle Pädagogik" bestehen in Berlin (FU), Hamburg (Universität), Bremen (Universität), Nordrhein-Westfalen (Universitäten Bielefeld, Duisburg-Essen, Köln, Münster), Niedersachsen (Universität Oldenburg), Rheinland-Pfalz (Lehramt GHR Universität Koblenz-Landau, GYM Universität Mainz), Schleswig-Holstein (Universität Flensburg) und Thüringen (Universität Erfurt).

nen Möglichkeiten, Lehrkräfte für Bilingualen Unterricht (richtiger: Fachunterricht in englischer oder französischer Sprache) auszubilden, ziele in die falsche Richtung. Bereits 1996 hat die Ständige Konferenz der Kultusminister der Länder (KMK) eine Empfehlung beschlossen, in der interkulturelle Bildung als Reaktion auf Migration, europäische Integration und Globalisierung zu verstehen sei (KMK 1996). Vor diesem Hintergrund sei Interkulturelle Bildung und Erziehung als integraler Bestandteil der Lehrerbildung zu begreifen.

Einen kontinuierlichen Prozess, die Lehrerbildung im Kern zu verändern, Fragen des Umgangs mit Pluralität, Differenz und Gleichheit als Querschnittsaufgabe zu begreifen und angehenden Lehrerinnen und Lehrern entsprechende Schlüsselqualifikationen zu vermitteln, hat in Hamburg der Bericht der „Hamburger Kommission Lehrerbildung" initiiert (Keuffer, Oelkers 2001). Ob das Ziel eines neuen Umgangs mit Heterogenität allerdings verwirklicht werden kann, hängt nach Auffassung der Kommission davon ab, ob Abschied genommen werden kann von einigen weitverbreiteten Denkfiguren. Interkulturelle Bildung sei keine Kombination aus einer „Reparaturpädagogik" für die Einwandererkinder und ein „Toleranztraining" für die inländischen Kinder. Zum zweiten seien interkulturelle Bildung und die europäische Dimension im Bildungswesen nicht zu trennen, weshalb eine arbeitsteilige Etablierung neuer Ausbildungsangebote kontraproduktiv sei. Wichtig sei es weiterhin, die Auffassung zurückzuweisen, dass interkulturelle Bildung eine zusätzliche, neben vielen anderen bestehende Aufgabe sei. Vielmehr ginge es um ein gesteigertes Pluralitätsbewusstsein und den Kern der Lehrerbildung (Keuffer, Oelkers 2001, 152). Dem entsprechend ist sie in allen Phasen der Lehrerbildung zu etablieren, sowohl in der universitären Ausbildung, als auch in der stärker praktischen Phase des Referendariats (wo sie bisher kaum berücksichtigt wird) sowie in der Lehrerfortbildung.

Die Neukonzeption der Lehrerbildung für ein sprachlich-kulturell pluralisiertes Europa muss generell – unabhängig von der Schulstufe und Schulform – auf folgende Kompetenzbereiche zielen:

- Obligatorische Grundbildung für alle in sprachlicher Bildung, d.h. Wissen über den Spracherwerb unter Zweisprachigkeitsbedingungen, Prozesse sprachlicher Bildung im Fachunterricht, Umgang mit Sprachenvielfalt in Lerngruppen und die Fähigkeit zum Erweb von Grundstrukturen verschiedener Sprachen;
- Erwerb von personalen und sozialen Kompetenzen im Umgang mit einer heterogenen Schülerschaft, der Fähigkeit, persönliche und strukturelle Diskriminierungen zu erkennen und eine diese verhindernde Schulentwicklung zu fördern;
- die Fähigkeit, Multiperspektivität im Fachunterricht didaktisch zu gestalten, was eine Neuorientierung der Fachdidaktiken voraussetzt und einen Unterrichtsstil impliziert, der ergebnisoffen und auf das Finden vielfältiger Lösungswege gerichtet ist;
- die Befähigung zu fächerübergreifendem Unterricht sowie die Bereitschaft zu Kooperation bzw. Entwicklung neuer Fächer (z.B. in Einwanderersprachen) für

plurale Lerngruppen, in denen die Schülerinnen und Schüler Gelegenheit bekommen, im Spannungsfeld ihrer verschiedenen Kompetenzen und Perspektiven voneinander zu lernen.

Im Einzelnen sind folgende Schlussfolgerungen aus den referierten Ergebnissen der internationalen Studien und der Situation von zunehmender sprachlich-kultureller Heterogenität der Schülerschaft zu ziehen:

1. Die erste Konsequenz ergibt sich aus dem Umstand, dass zwar der zunehmende Anteil von Kindern mit Migrationshintergrund festgestellt wird, aber die Ausprägung der damit einhergehenden Merkmale von Heterogenität nicht bekannt ist. Weder ist den einzelnen Lehrkräften klar, welche sprachlichen und sozialen Voraussetzungen die Kinder mitbringen, noch liegt dieses Wissen auf Schul-, Landes- oder Bundesebene vor. Gebraucht werden neue Formen der Erfassung sprachlicher Vielfalt für Planungszwecke, also großflächige Daten. Hierfür können die Erfahrungen aus Studien in Hamburg (Fürstenau, Gogolin, Yağmur 2003) und Essen (Baur, Schroeder; noch unveröffentlicht), sowie die Instrumente der internationalen Studien zur Erfassung des „Migrationsstatus" genutzt werden. Weiterhin wurde oben bereits erwähnt, dass gegenwärtig in vielen Bundesländern Verfahren zur Sprachstandsfeststellung von Kindern bei der Einschulung entwickelt und eingesetzt werden. Der Entwicklungsstand dieser Instrumente zeigt noch erhebliche Desiderata, vor allem in Hinblick auf die Erfassung der kindlichen Fähigkeiten in den Herkunftssprachen im Verhältnis zum Deutschen und die darauf aufzubauenden Förderkonzepte (vgl. die Diskussion im Einzelnen in Gogolin, Neumann, Roth 2003, 78ff.). Ihre Stärken und Schwächen müssten dringend vergleichend untersucht werden, um die Verfahren zu effektivieren.

2. Es wäre wichtig, die sprachdiagnostischen Fähigkeiten der Lehrerinnen und Lehrer bei der Einschulung, aber auch während der Schullaufbahn der Kinder zu verbessern, damit sie überhaupt in der Lage sind, wahrzunehmen, welche sprachlichen Voraussetzungen die Kinder besitzen. Im Hinblick auf die Entscheidung, ob sprachdiagnostische Verfahren durch Erzieherinnen und Lehrkräfte oder durch Dritte – zum Beispiel sprachheilpädagogische Zentren – durchgeführt werden sollten, ist der ersten Variante der Vorzug zu geben, da anzunehmen ist, dass der Einsatz solcher Instrumente zur Sensibilisierung der beteiligten Fachkräfte führt. Da sie diejenigen sind, die die pädagogischen und didaktischen Konsequenzen zu ziehen haben, sollten sie auch die Basis kennen, auf der sie Förderungen ansetzen sollen. Dieses führt zu einem relativ hohen Anspruch an Wissenschaftlichkeit in der Ausbildung sowohl der Grundschullehrerinnen und -lehrer als auch der Erzieherinnen.

3. Weiterhin müssen Lehrerinnen und Lehrer der Primarstufe dafür ausgebildet werden, die Kenntnisse der Kinder in ihren Familiensprachen für

sprachliche Lernprozesse, insbesondere die Alphabetisierung, zu nutzen. Auch unter den derzeitigen Bedingungen, unter denen nur etwa 20% der zweisprachigen Kinder in ihren Familiensprachen Lesen und Schreiben lernen, ist es mindestens für die Lehrkräfte des sprachlichen Anfangsunterrichts von Nöten, ihre Unterrichtsinhalte und -methoden auf diese Situation abzustimmen und mit dem herkunftssprachlichen Unterricht zu koordinieren.

4. Eine weitere Konsequenz ist aus dem Befund zu ziehen, dass die Grundschule noch relativ gut in der Lage ist, mit der sprachlichen Heterogenität der Kinder umzugehen, aber die Lesekompetenz gerade auch bei den Migrantenkindern in der Sekundarstufe I nicht denselben Fortschritt macht wie in der Primarstufe. Dies bedeutet, dass es offensichtlich einen Mangel in der sprachlichen Vermittlung in den Unterrichtsfächern gibt, die keine Sprachfächer im engeren Sinn sind. Der sprachliche Anteil der Naturwissenschaften, aber auch der Mathematik, wird offenbar zu wenig gesehen und in der Methodik und Didaktik berücksichtigt. Die spezifische schulrelevante Sprache – so eine gegenwärtig diskutierte Hypothese zur Erklärung der niedrigen Lesekompetenzergebnisse bei zweisprachigen Kindern mit Migrationshintergrund – stellt die eigentliche Hürde für den Erwerb des schulischen Wissens dar. Betrachtet man die Sprache der Schule allgemein und die Sprachen der Fächer speziell als Fachsprachen, so zeichnen sich diese durch solche Merkmale aus, die nicht denen der mündlichen Kommunikation entsprechen, sondern eher schriftförmigen Charakter haben. Sie sind abstrakter, weniger stark an Situationen gebunden, haben komplexere Strukturen und weisen mehr Funktionswörter auf. So ist es möglich, dass fließend deutsch sprechende Kinder nicht als Zweitsprachenlerner auffallen, aber trotz guter mündlicher Kompetenzen beim Erwerb eines schriftförmigen Deutschs unterstützt werden müssten. Insbesondere der Fachunterricht müsste berücksichtigen, dass die Kinder der Migranten und die Kinder aus sog. bildungsfernen Familien die Sprache der Schule nur in der Schule lernen können. Für die Grundschullehrerausbildung hat dies zur Konsequenz, dass alle Lehrerinnen und Lehrer qualifiziert werden müssten, die sprachlichen Aspekte ihrer Fächer auch zu berücksichtigen. In der Ausbildung für den sprachlichen Anfangsunterricht ebenso wie den mathematischen Anfangsunterricht müssten Aspekte von Deutsch als Zweitsprache thematisiert werden. Gleiches gilt für die Fachdidaktik des Sachunterrichts.

5. Fünf Prozent der Einwandererkinder kommen während des Schuljahres oder während der Grundschulzeit nach Deutschland. Für ihren Vorbereitungs- bzw. Aufnahmeunterricht bedarf es einer Qualifizierung von Lehrkräften in der Vermittlung von Deutsch als Zweitsprache. Die Didaktik dieser speziellen Variante des Deutsch-als-Fremdsprache-Unterrichts ist bisher nicht zufriedenstellend entwickelt. Dies wäre eine Auf-

gabe für die Fachdidaktik Deutsch und die Ausbildung der künftigen Deutschlehrer.

6. Damit in engem Zusammenhang steht die Förderung der Zweisprachigkeit von Migrantenkindern, d.h. der Ressource, die die Kinder aus ihren Familien mitbringen. Die Vitalität der Sprachen ist beachtlich (Fürstenau, Gogolin, Yağmur 2003, 135). Diese Sprachkenntnisse gilt es auszubauen . Ein Mindestanspruch wäre es, die Kinder in den Herkunftssprachen zu alphabetisieren, damit sie in der Lage sind, selbstständig ihre herkunftssprachlichen Fähigkeiten auszubauen. Wünschenswert wäre es aber auch, eine Fachdidaktik der Herkunftssprachen zu entwickeln. Da darin die Beziehung zur deutschen Sprache zu definieren und zu gestalten ist, wären die Unterschiede zu einer Didaktik des „muttersprachlichen Unterrichts" herauszuarbeiten und die Zweisprachigkeitssituation in der Migrationsgesellschaft zu beachten.

7. Die Berücksichtigung der Mehrsprachigkeit in der Klasse betrifft in der Grundschule auch den frühen Englischunterricht, in dem die Lehrerinnen und Lehrer und die Fachdidaktik Englisch nicht ausblenden dürften, dass im Unterricht neben deutsch-einsprachigen Kindern auch solche sitzen, die bereits zweisprachig sind. Für diese Kinder sind die Lernprozesse in der dritten Sprache Englisch andere. Wie die ersten Ergebnisse der wissenschaftlichen Begleitung bilingualer Grundschulklassen zeigen, erwerben die zweisprachigen Kinder die dritte Sprache schneller und effektiver als die einsprachigen Kinder.

8. Die besseren Erfolge der Grundschule im Hinblick auf den Umgang mit einer pluralen Schülerschaft können möglicherweise darauf hindeuten, dass die methodischen Settings des Grundschulunterrichts geeigneter sind, auf die Diversität der Kinder einzugehen, als die in der Sekundarstufe üblichen. Wenn die weiteren Auswertungen diese Annahme bestätigen, müsste geprüft werden, welche Merkmale diese Methoden aufweisen und welche Möglichkeiten für eine Implementation in die Sekundarstufe gegeben sind.

9. Von grundlegender Bedeutung ist es weiterhin, ob es gelingt, die Lehrerschaft in ihrer ethnischen und sprachlichen Zusammensetzung zu diversifizieren. Die Monolingualität und Monokulturalität der Lehrerschaft müsste durchbrochen werden, wenn Heterogenität als normal und wünschenswert in der Schule betrachtet werden soll. Dafür müssten Abiturientinnen und Abiturienten in der Migrantenbevölkerung geworben werden. In Nordrhein-Westfalen wurde 2003 ein entsprechender Parlamentsbeschluss gefasst. Dieser wird nicht leicht umzusetzen sein, denn das Lehramtsstudium ist für die wenigen Migrantinnen und Migranten, die zum Abitur kommen und studieren wollen, in Konkurrenz zu Jura, Wirtschaftswissenschaften und Medizin nicht attraktiv. In der Universität

Essen wurden positive Erfahrungen mit einem Unterstützungssystem während des Studiums gemacht, denn es besteht auch für die Studierenden die Anforderung, die Fachsprache Deutsch weiterzuentwickeln. Für die autochthonen Studierenden wäre es eine Unterstützung ihrer Lernprozesse im Umgang mit Heterogenität, wenn sie Gelegenheit hätten, an Austauschprogrammen mit den Herkunftsländern der Migrantinnen und Migranten teilzunehmen. Mit der Türkei werden ab dem Studienjahr 2004 erstmals ERASMUS-Programme möglich.

10. Schließlich ist die Bewahrung bzw. Anhebung der Wissenschaftlichkeit der Ausbildung der Lehrerinnen und Lehrer der Primarstufe ein wichtiger Punkt für den hier diskutierten Zusammenhang. Gemeint sind linguistische und spracherwerbstheoretische Kenntnisse, methodisches Wissen, diagnostische Fähigkeiten, aber auch die interkulturelle Beratungskompetenz zur Verbesserung der Kontakte zu Eltern der Migrantenkinder. Schließlich geht es um theoretisch fundiertes Wissen über politische, historische und soziale Grundbedingungen der Einwanderungsgesellschaft in Deutschland und Europa.

Literatur

Bos, W./Lankes, E.-M./Prenzel, M./Schwippert, K./Walther, G./Valtin, R. (Hrsg.) (2003): Erste Ergebnisse aus IGLU. Schülerleistungen am Ende der vierten Jahrgangsstufe im internationalen Vergleich. Münster, New York, München, Berlin.

Deutsches PISA-Konsortium (Hrsg.) (2001): PISA 2000. Basiskompetenzen von Schülerinnen und Schülern im internationalen Vergleich. Opladen.

Deutsches PISA-Konsortium (Hrsg.) (2003): PISA 2000. Ein differenzierter Blick auf die Länder der Bundesrepublik Deutschland. Opladen.

Fürstenau, S./Gogolin, I./Yağmur, K. (Hrsg.) (2003): Mehrsprachigkeit in Hamburg. Ergebnisse einer Sprachenerhebung an den Grundschulen in Hamburg. Münster.

Gogolin, I./Neumann, U./Reuter L. (Hrsg.) (2001): Schulbildung für Kinder aus Minderheiten 1989-1999. Münster.

Gogolin, I./Neumann, U./Roth, H.-J. (2003): Förderung von Kindern und Jugendlichen mit Migrationshintergrund. Gutachten für die BLK. Materialien zur Bildungsplanung und zur Forschungsförderung, Heft 107. Bonn.

Keuffer, J./Oelkers, J. (2001): Hamburger Kommission Lehrerbildung. Weinheim.

KMK (Sekretariat der Ständigen Konferenz der Kultusminister der Länder) (1996): „Interkulturelle Bildung und Erziehung in der Schule", Empfehlung vom 25. Oktober 1996. Bonn.

Krüger-Potratz, M. (2003): Lehrerbildung im Zeichen von Pluralität und Differenz. In: J. Beillerot, Ch. Wulf (Hrsg.): Erziehungswissenschaftliche Zeitdiagnosen: Deutschland und Frankreich. Münster, 83-94.

Neumann, U. (2000): „Man schreibt, wie man spricht, wie man schreibt". Über Sprachunterricht in einer deutschen Grundschulklasse. In: I. Gogolin, S. Kroon (Hrsg.): „Man schreibt, wie man spricht". Ergebnisse einer international vergleichenden Fallstudie über Unterricht in vielsprachigen Klassen. Münster, 187-209.

Pries, L. (2000): „Transmigranten" als ein Typ von Arbeitswanderern in pluri-lokalen sozialen Räumen. In: I. Gogolin, B. Nauck (Hrsg.): Migration, gesellschaftliche Differenzierung und Bildung. Opladen, 415-437.

Reich, H.H./Roth, H.-J./Holzbrecher, A. (Hrsg.) (2001): Fachdidaktik interkulturell. Ein Handbuch. Opladen.

Kurt Czerwenka, Karin Nölle

Kompetenzorientierung in der Ausbildung von Grundschullehrerinnen und Grundschullehrern

1. Einführung: Lehrerbildung nach PISA und IGLU

Zunächst muss festgestellt werden, dass ein Rückschluss von den Ergebnissen aus PISA und IGLU auf die Qualität oder Organisation von Lehrerbildung bestenfalls Interpretation, wenn nicht gar nur Spekulation sein kann. Denn wir müssen zumindest zwei logische Schritte annehmen. Der erste ist die Frage der Wirkung von Lehrerbildung auf das Lehrerhandeln und der zweite die Analyse der Wirkung von Lehrerhandeln auf die Schülerleistungen. Über die erste Beziehung von Lehrerbildung mit Lehrerhandeln wissen wir noch recht wenig (Terhart 2000a, b), über die zweite – die Wirkung des Lehrerhandelns auf die Schülerleistungen etwas mehr (Weinert, Helmke 1997; Bos u.a. 2003; Ditton 2000; Lehmann u.a. 1999) wobei sich zeigt, dass die Zusammenhänge eher schwach und ebenfalls bisher nicht differenziert erfasst sind. Wir werden zu beiden Erklärungsschritten etwas ausführen, wobei wir uns dabei jeweils auf empirische Untersuchungen beziehen. Die erste Untersuchung führen wir selbst durch in unserem Forschungsprojekt zum Aufbau von Lehrerkompetenzen in der 1. und 2. Phase der Lehrerbildung, die zweite Untersuchung betrifft ein Dissertationsprojekt an unserem Institut (Seyd 2003).

Bei der Interpretation der Ergebnisse aus TIMMS und PISA werden wiederholt einige Defizite in den Lehrerkompetenzen genannt, die mitverantwortlich gemacht werden für das schlechte Abschneiden deutscher Schulen im internationalen Vergleich:

1. Unterrichtsmethoden werden zu wenig variabel eingesetzt.
2. Es gibt eine zu geringe diagnostische Kompetenz für Lernstörungen.
3. Es bestehen zu wenig Vergleichsmöglichkeiten mit anderen Gleichaltrigen (Problem der Standardisierung).
4. Die Förderkompetenz ist zu gering, speziell für Schüler mit schwierigem sozialen Hintergrund oder Sprachschwierigkeiten.
5. Die Frage nach dem theoretischen Hintergrund des unterrichtlichen Handelns (Fort- und Weiterbildung) wird zu selten gestellt.
6. Differenzierung im Unterricht findet fast nie statt.

Anschließende Fragen wären:

Woher rühren diese Defizite und wie sind sie im Sinne einer Kompetenzorientierung des Lehrerhandelns zu verbessern? Was kann Lehrerbildung zur Entwicklung derartiger Kompetenzen tun?

2. Eigene Forschungen

Zur Kompetenzorientierung der Lehrerausbildung an Universitäten lässt sich etwas sagen, wenn man die Orientierungen betrachtet, die Absolventen am Ende ihres Lehramtsstudiums zum Unterricht erkennen lassen, und diese mit Aussagen vergleicht, die in der Berufseingangsphase, also nach ersten Praxiserfahrungen, erhoben wurden.

2.1 Im Studium: Unterricht unter dem Anspruch von Individualisierung und Differenzierung

Wir hatten sowohl Studienanfänger als auch Absolventen von drei unterschiedlich konzipierten universitären Ausbildungsgängen u.a. in einer offenen Frage um eine Stellungnahme zu ihren Unterrichtsvorstellungen gebeten. Bei der Interpretation der Ergebnisse ist zu berücksichtigen, dass es sich bei der Untersuchung um ein qualitative und quantitative Verfahren kombinierendes Design handelte. Dafür musste eine für quantitative Verfahren noch hinreichende, für qualitative Analysen aber zugleich handhabbare Stichprobengröße gefunden werden. Diese Überlegung führte zu einem dreischrittigen „Trichterdesign", das

- im ersten Schritt eine schriftliche Befragung mit einem geschlossenen und einem offenen Fragebogenteil,
- in einem zweiten Schritt mit einem Teil der Befragten ein Interview zur Beurteilung einer Video-Sequenz von Unterricht und
- im dritten Untersuchungsschritt wiederum mit einem Teil der zuvor interviewten Absolventen eine Hospitation in ihrem Unterricht und einem darauf bezogenen Interview vorsah.

In der Erhebung sollten Studienanfänger und Absolventen etwa gleich stark vertreten sein, ebenso wollten wir „konventionelle" und Theorie und Praxis stärker integrierende Ausbildungsgänge gleichermaßen berücksichtigen. Tatsächlich konnten wir 277 Studierende befragen, davon waren 121 Absolventen, die übrigen 156 Studienanfänger.

Die für die Ausbildungseffekte besonders interessierende Absolventenbefragung beruhte auf folgenden Erhebungsdaten: Der Studiengang in Lüneburg wurde von uns als „konventionelles" Ausbildungsmodell mit herkömmlichem Seminarbetrieb und zwei schulischen Blockpraktika eingestuft. Die Ausbildungsgänge mit stärkerer Integration von Theorie und Praxis waren auf zwei Studienorte verteilt, nämlich Oldenburg und Fribourg (Schweiz). Dabei ist zu berücksichtigen, dass formal für die Lehramtsstudiengänge in Oldenburg dieselbe niedersächsische Prüfungsordnung für Lehrämter gilt wie in Lüneburg. Wir hatten jedoch in einem besonderen Auswahlverfahren nur diejenigen Absolventen einbezogen, die ein besonderes Studienprogramm mit intensiverem Praxisbezug, u.a. durch mitwirkende Lehrkräfte, durchlaufen haben; eine mögliche Verzerrung in der Auswahl der Befragten haben wir hingenommen. In Fribourg dagegen ist die Theorie-Praxis-Verknüpfung curricular festgeschrieben.

In Oldenburg konnten wir einen sehr hohen Anteil derjenigen befragen, die im Prüfungssemester 1999/2000 das genannte Studienprogramm durchlaufen hatten (N = 29), eine genauere Bezifferung ist hier wegen fehlender formaler Einschreibung nicht möglich. Hingegen konnten wir in Fribourg eine Vollerhebung erreichen (N = 32); dies lässt natürlich Aussagen über die dort erzielten Ergebnisse zu. In Lüneburg haben wir zwar nur etwas mehr als die Hälfte des Prüfungssemesters in die Untersuchung einbezogen, jedoch erwarten wir durch die Verteilung auf unterschiedlichste Seminare und Lehrende keine nennenswerte Verzerrung durch die Stichprobe (N = 60).

Diese Erhebungsbedingungen muss man bei der Bewertung der nachfolgend berichteten Ergebnisse im Auge behalten; tatsächlich lassen sich dadurch keinesfalls Verallgemeinerungen begründen, vielmehr haben die Resultate hypothesengenerierenden Charakter bzw. lassen gegebenenfalls Rückschlüsse auf Absolventen von Standorten mit vergleichbaren Studienbedingungen zu. Gleichwohl haben wir für die Quantifizierung von Resultaten, der besseren Vergleichbarkeit wegen, Prozentwerte eingesetzt.

Erstaunlicherweise gab es inhaltlich keine wirklich deutlichen Unterschiede in der Orientierung zwischen Studienanfängern und Absolventen. Wenngleich sich Absolventen nicht mehr – wie häufig Studienanfänger – naiv auf ihre eigenen Unterrichtserfahrungen als Schüler beziehen. Vielmehr ist deren Bild von Unterricht angereichert mit einem Spektrum an Vorstellungen, das je nach Darstellungstypus eher locker auf mehr oder weniger deutlich zu interpretierende Theoriefragmente oder Reformvorstellungen bezogen ist, oder aber systematische Theorie- und Empiriebezüge erkennen lässt (Nölle 2002).

Daraus lässt sich folgern, dass Ziel-, Inhalts- und prozessorientierte Vorstellungen von Unterricht, wie sie in der Universität vertreten werden, den landläufigen Vorstellungen – zumindest der an Pädagogik Interessierten, die sich für den Lehrerberuf entschieden haben – nicht widerstreiten.

Bei inhaltlicher Betrachtung der im Vordergrund stehenden Orientierungen lässt sich besonders ein Thema ausmachen: das der Subjektorientierung des Lernens und damit der Individualisierung von Lernprozessen, also ziemlich genau der Kompetenzen, die bei der Interpretation der unzureichenden Schülerergebnisse in den internationalen Untersuchungen als defizitär beurteilt werden. Hier schlägt offenbar ein auch öffentlich vertretener Modernisierungsanspruch auf die Vorstellung von Bildungs- und Erziehungsprozessen im Unterricht durch. Der Tendenz nach verstärkt sich diese Orientierung während des Studiums, aber wir haben es durchweg mit einem hohen Ausgangsniveau zu tun, und die Erhöhung um einige Prozentpunkte bei Absolventen ist zumeist nicht statistisch zu sichern.

Im Einzelnen lässt sich das durch folgende Ergebnisse illustrieren:

Mit Abstand am häufigsten genannt wird die Forderung oder Vorstellung, dass im Unterricht variable Lernprozesse ermöglicht werden sollten. Es findet sich zwar ein leichter Anstieg in den Nennungen von Studienanfängern (82,7% = 129 von 156) hin zu Absolventen (87,6% = 106 von 121), jedoch ist dieser Unterschied nicht signifikant.

Beispiele:

Besonders in der Grundschule kann individuelles Lernen stattfinden und sollte auch in weiterführenden Schulen verstärkt eingesetzt werden! (PK1-E 033)
Denn nur, wenn das Kind einen Bezug zu seiner unmittelbaren Umwelt erkennt, kann es meiner Meinung nach *sinnvoll, selbständig und bedingt durch Eigenmotivation lernen* und Inhalte im Kopf zu einem Ganzen zusammenfügen. (Bsp.: Thema Wasser —> Gewässeruntersuchung —> Tiere im Wasser = Indikatoren für Wassergüte —> Wasser = Ressource, die für Menschen sehr wichtig ist —> Umwelt schützen, um Leben zu erhalten!) (PK1-E 121; hier ist zugleich eine Codierung „sinn-/lebensweltorientiertes Lernen vorgenommen worden; Hervorheb. d.d. Verf.).

Es gibt jedoch auch bei den Examenskandidaten der untersuchten Universitäten durchaus Unterschiede, die allerdings ebenfalls statistisch (Chi-Quadrat-Test nach Standard-Verfahren, SPSS) nicht signifikant sind (dies ist jedoch wiederum vor dem Hintergrund einer Fallzahl von 121 Absolventen zu sehen). 93,1% (27 von 29) der Kandidaten der Universität Oldenburg ließen Zustimmung hierzu erkennen, gegenüber 88,3% (53 von 60) der Universität Lüneburg und 87,6% (26 von 32) der Universität Fribourg.

Untermauern lassen sich die Zahlen gleichwohl, wenn man andere Aussagen betrachtet, die ebenfalls zum Aussagenspektrum Subjektorientierung – Individualisierung gerechnet werden können: Die Lernprozesse der Schüler (individuell) zu fördern, stellen sich durchschnittlich 63,6% der Absolventen für ihre spätere Unterrichtsgestaltung vor; hier zeigen sich kaum Unterschiede zwischen den Universitätsstandorten.

Den Bezug zur Sinn- und Lebenswelt der Schüler wollten 65,6% (21 von 32) der Kandidaten aus Fribourg wahren, in Oldenburg waren es 62,1% (18 von 29) und in Lüneburg 51,7% (31 von 60). Durch den geringen Unterschied zwischen Oldenburg und Fribourg lässt sich auch hier keine Signifikanz nachweisen.

Einer der wenigen signifikanten Unterschiede zwischen den Absolventen der verschiedenen universitären Ausbildungsgänge findet sich bei der Berücksichtigung von Schülerinteressen. Die Interessen und Bedürfnisse der Schüler berücksichtigen zu wollen, geben 51,7% (15 von 29) der Oldenburger Examenskandidaten an, während es in Lüneburg lediglich 31,7% (19 von 60) sind und in Fribourg nur 21,9% (7 von 32).

Hohe Werte finden sich ebenfalls bei einer subjektorientierten Bildungsperspektive, die von 72,4% (21 von 29) der Absolventen aus Oldenburg erwähnt wird, von 68,8% (22 von 32) derjenigen aus Fribourg und von 61,7% (37 von 60) der Lüneburger. Interessant sind hier jedoch weniger die Unterschiede zwischen den einzelnen Universitäten, die ebenfalls statistisch noch nicht aussagefähig sind, sondern die Differenz zur Nennung einer eher traditionellen Bildungsperspektive, die auch zwischen den Universitätsstandorten überzufällig verteilt ist. Eine solche Perspektive nennen lediglich 6,7% (4 von 60) der Lüneburger Kandidaten, in Fribourg sind es noch 18,8% (6 von 32) und in Oldenburg immerhin 24,1% (7 von 29).

Ergänzt wird diese Perspektive durch Aussagen zu sozialen Komponenten des Lern- und Bildungsprozesses. So erklären z.B. durchschnittlich 53,7% (65 von 121) der Absolventen die Förderung sozialer Kompetenz als bedeutsam, dabei sind es in Oldenburg 62,1% (18 von 29), in Fribourg 56,3% (18 von 32) und im „konventionellen" Studiengang in Lüneburg 48,3% (29 von 60). Hier zeigt sich im Übrigen einer der wenigen deutlichen Unterschiede zu den Studienanfängern: nur 39,1% (61 von 156) der Anfänger gehen in ihren Texten darauf ein. Dabei scheint offenbar durchweg die Ausbildung Wirkung zu zeigen, deutlicher in Oldenburg und Fribourg (wo die befragten Gruppen ein konsistenteres Curriculum absolviert haben als in Lüneburg); allerdings sind diese Unterschiede wiederum statistisch nicht aussagekräftig.

Sicher macht auch ein hoher Anteil der Absolventen Angaben zu Zielen und Inhalten des Unterrichts in der kognitiven Dimension, wobei nur geringe Unterschiede zwischen den einzelnen Universitäten zu verzeichnen sind. Durchschnittlich 52,1% (63 von 121) äußern sich hierzu. Auch methodische Kompetenz von Lehrkräften im Bereich der direkten Instruktion wird häufig erwähnt: zwischen 55,2% (16 von 29) in Oldenburg, 68,3% (41 von 60) in Lüneburg bis zu 71,9% (23 von 32) in Fribourg.

Beispiele:

Manches sollte aber auch frontal angeboten werden, z.B. ganz neue Inhalte (erste Erklärung) (PK1-E 032).
Meistens ist es aber auch sinnvoll, den Schülern klare Anweisungen zu geben, um ihnen einen gewissen Halt zu gewährleisten (PK1- E 178).

In nicht wenigen Fällen haben diese Methoden eher eine komplementäre Funktion, wenngleich von den meisten Befragten eine Mischform aus offenen Unterrichtsformen und Anteilen direkter Instruktion befürwortet wird.

Besonders auffällig war der mit 7,4% (9 von 121) sehr geringe Anteil der Absolventen, die zum Thema Zensuren und Leistungskontrollen eine eher positive oder neutrale Einstellung erkennen ließen, bei Lernkontrollen war der Anteil auch nur wenig höher, nämlich 11,6% (14 von 121). Hier wird offenbar einer Thematik, die im Schulalltag eine große Rolle spielt, und auch im Zusammenhang mit den internationalen Untersuchungen als Kompetenzbereich besonders akzentuiert wird, nur geringe Beachtung geschenkt. Die hohen Kompetenzanforderungen, die damit verbunden sind, werden damit ebenfalls weitgehend ignoriert.

Fazit:

Es besteht bei Studierenden ein hoher Individualisierungs- und Differenzierungsanspruch für den eigenen Unterricht, der mehr aus den Subjektivitätsansprüchen als aus denen der Vergleichbarkeit von Leistungen abgeleitet wird. Im Hinblick auf die vorher genannten Defizite wäre festzustellen, dass unterrichtliche Individualisierungsansprüche wie Differenzierungs- und Fördermaßnahmen normativ gefordert werden, während Fragen der Diagnose und Standardisierung eher weniger ins Blickfeld geraten. An die Forderung sind allerdings kaum Realisierungsvorstellungen geknüpft, also von Kompetenz kann im Zusammenhang mit diesen Zielen nicht ausgegangen werden.

2.2. In der Berufseingangsphase: Uneingelöste Ansprüche

Betrachtet man nun die Situation der Berufsanfänger, so zeigt sich ein völlig anderes Bild: hier wird gerade die Individualisierung von Lernprozessen als besonders anspruchsvoll und schwierig dargestellt, mangelnde Realisierungskompetenzen und -chancen werden beklagt. Wir haben insgesamt 20 Absolventen, verteilt auf die 3 Ausbildungsorte in der Berufseingangsphase im Unterricht besucht und anschließend interviewt.

Dabei ergab sich ein Schwerpunkt bei der Thematisierung der alltäglichen Unterrichtsplanung und -realisation, die hier häufig einen fach- und klassenspezifischen Akzent erkennen ließ, von dem zuvor kaum je die Rede war.

Insgesamt lässt sich feststellen, die Berufsanfänger realisieren in der Regel das, was sie *wissen und können*. Diese Feststellung erscheint auf den ersten Blick trivial, aber bei näherem Hinschauen zeigt sich, dass man dies sehr deutlich trennen muss von *kennen und wünschen* (wünschen und hoffen?)!

Das heißt, dass diejenigen, die im Laufe des Studiums ein vielfältig vernetztes – theoretisches und empirisches – Wissen zu den Bedingungen des Unterrichtens aufgebaut und die methodischen Konsequenzen daraus bereits in der Ausbildung erprobt hatten, bessere Voraussetzungen mitbrachten, ihre Unterrichtsvorstellungen zu realisieren als diejenigen, bei denen diese Voraussetzungen nicht vorlagen. Auch dort, wo die Umsetzung (noch) nicht gelang, verfügten sie eher über planmäßige Vorstellungen, wie sie ihren Zielen näher kommen könnten, bzw. entwickelten differenzierte Einschätzungen der Realisierungsbedingungen.

Dies war vor allem bei denjenigen gegeben, deren Darstellung ihrer Sichtweisen von Unterricht wir als „klassifizierend" eingeschätzt hatten, als weitere Bedingung schätzen wir ein, dass diese Vorstellungen an der Realität bewährt, d.h. empirisch fundiert und/oder praktisch erprobt sein sollten.

Beispiel: (E 174)

I: Ja. Dann, wie ist es mit den Beurteilungen? Sie haben ja gesagt, dass Sie, ähm, ja eher Wert legen auf (formative) Beurteilungen.
E: Ich bin am Üben. Ich denke, es lässt sich schon realisieren, es ist aber sehr, sehr schwierig. Und die Schwierigkeit ist einfach, immer alle im Auge zu behalten. Das finde ich sehr schwierig. Aber ich mache schon ... Lernkontrollen. ... Das geht einfach nicht immer. Aber immerhin versuche ich diese Lernkontrollen etappenweise zu machen ... .
I: Und wie machen Sie die? Können Sie das vielleicht mal ein bisschen schildern?
E: Also das ist, mache ich immer ähnlich wie dann auch der Leistungstest sein wird. Und ich mein', wenn schriftliche Tests, ist auch die Lernkontrolle schriftlich. Und das sind ähnliche Fragen, die da vorkommen. Also damit sie wissen, das kommt auf mich zu. Und dann korrigieren wir gemeinsam, also jetzt zum Beispiel Geschichte, da bekommen sie so etwas wie einen Test, der aber nicht zählt, und lösen sie es mit einer Farbe, mit schwarz. Wenn sie fertig sind, nichts mehr wissen, dann nehmen sie eine andere Farbe – blau – und nehmen die Bücher hervor und die Blätter und was sie bearbeitet haben. Lesen alles nach und versuchen dann, den Rest jetzt zu beantworten mit blau. Und dann korrigieren wir gemeinsam und die Fehler und ergänzen und schreiben sie dann mit rot. Und dann wissen sie am Schluss, das konnte ich einfach alleine, da musste ich noch was nachlesen und das hatte ich falsch.

Auch extrem schwierige Praxisbedingungen, wie problematische Klassen oder ungünstige Bedingungen des Referendariats können Realisierungschancen für bestimmte Ansätze und Unterrichtsmethoden natürlich extrem vermindern.

Damit schätzen wir Ausbildungsbedingungen, die an Standards gemessen (Oser 1997, 2001) und damit kompetenzorientiert sind, als wesentlich günstiger für die Vorbereitung auf den Lehrerberuf ein als das landläufige Lehramtsstudium ohne abgestimmte Curricula und angemessene Phasen der

Erprobung und Kontrolle des erworbenen unterrichtsbezogenen Wissens. Modernisierungsforderungen ohne Qualitätskontrolle verhindern damit eher eine mittel- oder langfristige Verbesserung des Unterrichts, vielmehr provozieren sie eher Enttäuschung und Resignation. Bei den Berufsanfängern führt das dann leicht zur hinreichend bekannten Übernahme von Unterrichtstipps und -rezepten.

Fazit:

Die hohen Individualisierungs- und Lernförderungsaspekte des Studiums werden im Referendariat kaum eingelöst. Als Erklärungsmuster könnte gelten, dass die Entwicklungs- und Subjektivitätsorientierungen der Studierenden eher einstellungsorientiert und hoch affektiv begründet sind und aus ihrem sozialen Milieu resultieren (Schumacher 2000) oder auch typenabhängig zu sehen sind (Spranger 1970; Neumann 1988). Schumacher weist darauf hin, dass die meisten Grundschullehrerinnen dem sozial-intellektuellen Milieu entstammen, das sich v.a. durch Interesse an Selbstentwicklung, Umwelt und Subjektorientierung auszeichnet. Spranger spricht vom „sozialen Menschentypus" der Lehrkräfte. Dann lägen diese Vorstellungen auf einer anderen Ebene als der empirisch-handlungsbezogenen. Vielleicht aber sind diese Ansprüche doch realitätsnäher (vgl. auch skandinavische Länder) und durchaus anzielbar, aber es fehlen die entsprechenden Ausbildungsbedingungen (theorie-praxisbezogen). Deutlich wird auch eine hohe Skepsis gegenüber Leistungsbeurteilungen und Lernkontrollen, die wohl eher mit Etikettierung als mit Förderdiagnostik assoziiert werden.

Auch wenn unsere Ergebnisse zur Beziehung von Lehrerbildung und Lehrerhandeln erst erste Ansätze einer Aufklärung darstellen, deutet sich doch an, in welche Richtung eine effektive Lehrerbildung gehen müsste: In eine enge Verbindung von theoretischen Kenntnissen, empirischen Ergebnissen und Qualitätsurteilen, die die Ausführbarkeit ins Auge fassen und kontrollieren. Von einer solchen Lehrerbildung sind wir auch in der Schweiz – wie Untersuchungen von Oser und Oelkers (2001) zeigen – noch weit entfernt. Hier sind sorgfältige curriculare Entwicklungen einzuleiten, die immer wieder durch experimentelle und evaluative Begleitforschung abzusichern sind. Denn eines sollte man nicht erwarten, dass Studienerfolge in erwünschtem Umfang und angestrebter Qualität erreichbar wären, wenn lediglich neue Ansprüche an die Studierenden ergingen bzw. die mitgebrachten affektiven Grundeinstellungen bedient werden.

Damit nähern wir uns der zweiten Stufe der Analyse: Dem Zusammenhang von Lehrerhandeln und Schülerleistungen. Wir tangieren damit gleichzeitig die Frage, ob die im Vergleich mit IGLU festgestellten schlechteren Ergebnisse bei PISA und TIMMS in der Sekundarstufe schulstufenspezifische Defizite darstellen oder doch schon in der Primarstufe angelegt wurden.

Wir beziehen uns dabei – wie bereits angedeutet – erneut auf noch unveröffentlichte empirische Ergebnisse, die im Zusammenhang mit einem Dissertationsprojekt stehen und sich auf den Erwerb der Kulturtechnik „Rechnen" richten.

3. Untersuchung zur Kompetenzorientierung von Grundschullehrkräften im Fach Mathematik
(Untersuchung von Christofer Seyd)

3.1 Einleitung:

Es gibt verschiedene Herangehensweisen, mathematische Inhalte zu vermitteln. Unabhängig von (organisatorischen) Unterrichtsformen (Frontalunterricht, Offener Unterricht u.a.) kann man zwischen einer sogenannten prozeduralen und einer verständnisorientierten Vermittlung unterscheiden. *Prozedural basierendes Wissen* meint die Fertigkeit, bestimmte mathematische Probleme mit Hilfe dafür vorgesehener Algorithmen (Prozessen) zu lösen. *Verständnisorientiertes* oder auch *konzeptuelles Wissen* basiert auf dem Verständnis des zu lernenden mathematischen Wissens.

Im Rahmen der Untersuchung sollte ein Eindruck davon gewonnen werden, wie viele Lehrkräfte – hier exemplarisch, da regional begrenzt auf Hamburg bzw. Zürich – mathematische Inhalte verständnisorientiert vermitteln. Testaufgabe war die Erklärung einer schriftlichen Subtraktion mit Übertrag und eine Multiplikation.

In einem zweiten Schritt wurden die in Hamburg durch Interviews gesammelten Daten mit denen einer Interviewreihe aus Zürich (Schweiz) verglichen.

Schließlich sollten Schulleistungstests Aufschluss darüber geben, ob es einen direkten Zusammenhang zwischen verständnisorientiertem Unterricht und Schülerleistungen gibt.

3.2 Skizzierung des Untersuchungsverlaufs

Der Untersuchungsverlauf ist in Abbildung 1 dargestellt.

Unabhängig, in welcher Region die Lehrkräfte unterrichten, fällt bei einer Analyse der Antworten auf, dass sich kaum eine Lehrkraft auf eventuelle Verständnisschwierigkeiten der betreffenden Schülerinnen und Schüler konzentriert. Der überwiegende Teil schildert, wie der Algorithmus der Aufgabe grundsätzlich funktionieren sollte. Einige leiten bei Fehlern ab, dass die Schülerinnen und Schüler „da wohl noch etwas nicht verstanden haben" und meinen damit in den meisten Fällen die korrekte, prozedurale Handhabung des Stellenwertsystems. Eine konkrete, mögliche Fehlerquelle wird nicht genannt. Die Lehrkräfte könnten z.b. vermuten, dass den Schülerinnen und Schülern wichtige Grundlagen fehlen, die wichtig wären, z.B. die Größenvorstellungen bei der Multiplikation mit großen Zahlen zu verinnerlichen. Ein Rückgriff auf eine gute Darstellung der Werte in den verschiedenen Spalten der Stellenwerttabelle wäre hier denkbar.

Abbildung 1: Skizzierung des Untersuchungsverlaufs

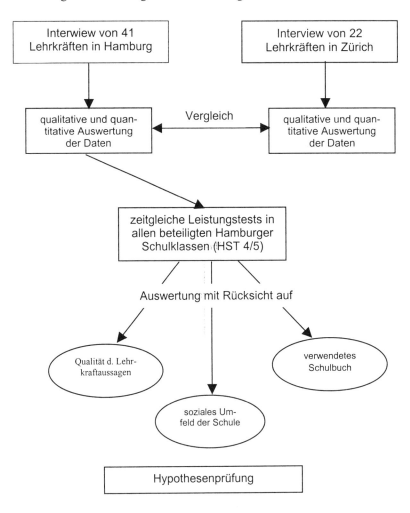

Auf miteinander vernetzte Inhalte der Primarmathematik geht jedoch keine Lehrkraft ein. Einige der Lehrkräfte appellieren zwar an das Größenverständnis, dies jedoch fast immer in der Form einer Regel und somit nicht den Verständniskern betreffend. Sowohl bei der Beantwortung der ersten Frage als auch der zweiten fällt auf, dass die Züricher Lehrkräfte homogener antworten als die Hamburger.

3.3 Ergebnisse der Interviews

Verständnisorientiertes Unterrichten:

a) Verständnisorientierte und prozedurale Vorgehensweise

Vermengung (mehrerer Lösungsansätze bei der Erklärung einer Aufgabe) 19 von 41 LehrerInnen in Hamburg (46,3%) vermengen verschiedene Erklärungsansätze. Nur 2 der insgesamt 22 Schweizer Lehrkräfte (9%) betrifft dieses Problem.

b) Qualität des Unterrichts: von der Verständnisorientierung zur Prozessorientierung

– Verständnisorientiert korrekt unterrichten
17,1% der Hamburger (7 von 41)
36,4% der Züricher Lehrer (8 von 22).
Also etwa nur ein Sechstel der Hamburger Lehrer erklären die Aufgaben mit tiefem Verständnis

– Verständnisorientiert aber fehlerhaft (Lücken im Erklären)
46,3% der Hamburger (19 von 41)
40,9% der Züricher Lehrer (9 von 22)

– prozessorientiert (auf den Algorithmus bezogen, also nach einfacher Regel)
17,1% der Hamburger (7 von 41)
13,6% der Züricher Lehrer (3 von 22)

– prozessorientiert fehlerhaft
14,6% der Hamburger (6 von 41)
4,5% der Züricher Lehrer (1 von 22).

c) Anknüpfen an frühere Wissensbestände (kumuliertes Lernen)

– Basiswissen der Schüler als Voraussetzung zur Lösung der Aufgaben genannt
36,6% der Hamburger (15 von 41)
45,5% der Züricher Lehrer (10 von 22)

– Basiswissen zur Erklärung eingesetzt (Rekurrieren auf früher Gelerntes)
9,8% der Hamburger (4 von 41)
45,5% der Züricher Lehrer (10 von 22).

d) Geometrisches Verständnis (bei der Erklärung einer geometrischen Aufgabe)

Züricher Lehrkräfte weisen auch hier bessere Ergebnisse auf als die Hamburger, wobei unsichere Lehrkräfte häufiger als in Hamburg zunächst einmal Rücksprache mit Kollegen halten, bevor sie eine verbindliche Antwort geben.

Dazu gibt der Autor der Studie vor allem zwei Gründe an:

Die Schweizer Lehrkräfte verbringen die Mittagspause, die abhängig vom jeweiligen Stundenplan ca. 90 Minuten dauert, zusammen und haben hier die Möglichkeit, in Ruhe über solche Dinge zu sprechen.

Jungen Lehrkräften, die neu an einer Schule beginnen, wird eine erfahrene Lehrkraft zur Seite gestellt, die sie über eine längere Zeit offiziell berät. Über diese offizielle Zeit hinaus bleibt dieses Beratungsverhältnis sicher erhalten.

Mindestens auf diese beiden grundsätzlichen Unterschiede gegenüber Hamburger Schulen, aber auch auf das überwiegend offenere und herzlichere „Klima" an Schweizer Schulen ist es vermutlich zurückzuführen, dass Gespräche oder Diskussionen zwischen Kollegen über erlebte oder problematische Unterrichtssituationen an Züricher Schulen häufiger sind.

Zusammenfassend lässt sich also beobachten, dass ein Schüler in der Schweiz zu 59,1% ein durchdachtes oder korrektes Feedback, bezogen auf die Geometrieaufgabe, von seiner Lehrkraft bekommen hätte. In Hamburg dagegen hätte diese Wahrscheinlichkeit nur bei 24,4% gelegen. All diese Ergebnisse sind natürlich bezogen auf die geringe Zahl der befragten Lehrkräfte zu relativieren.

3.4 Ergebnisse der anschließenden Schulleistungstests bei Schülern

Die Durchführung des Schulleistungstests in 39 Hamburger 4. Grundschulklassen hat die Ergebnisse verschiedener Studien, u.a. Pisa, bestätigt: Die schulischen Leistungen scheinen in hohem Maße vom sozialen Umfeld und den Fördermöglichkeiten durch das Elternhaus abzuhängen. Signifikante Zusammenhänge zwischen den Antworten der Lehrkräfte und den Leistungen der Schülerinnen und Schüler innerhalb der gesamten Stichprobe konnten nicht festgestellt werden. Die äußeren Einflüsse, zu denen neben „Einkünften der Eltern" und „sozialem Umfeld" auch verschiedenste andere Faktoren zählen, sind zu stark und statistisch im Rahmen dieser finanziell und zeitlich begrenzten Studie nicht kontrollierbar.

Sind innerhalb der Gesamtstichprobe aufgrund der genannten Störfaktoren auch keine Zusammenhänge erkennbar, so sind innerhalb der Schulen, also quasi in „Mikrokosmen" mit absolut identischem Einzugsgebiet, doch recht deutliche Tendenzen festzustellen.

Diese entstehen durch eine Betrachtung der Qualität der Lehrkraftantworten in Zusammenhang mit verschiedenen Blickwinkeln auf die Schülerleistungen. Untersucht wurde das Abschneiden der Klassen innerhalb einer Schule, gemessen am durchschnittlichen Prozentrang der Anteile der Schülerinnen und Schüler in Quartilen und der Punktzahlen in den unterschiedlichen Teilaufgaben.

An 7 von 10 Schulen lässt sich beobachten, dass die Leistungen der Schülerinnen und Schüler immer bei den Lehrkräften am größten sind, deren Antworten im Interview eine größere, eher verständnistiefe Qualität erkennen ließen.

Fazit:

Lehrerverhalten ist kein hoher Prädiktor für Schülerleistungen (eher sozialer Status der Eltern oder Ausländeranteil). Unterschiede in den Schülerleistungen sind nur innerhalb relativ homogener Bedingungen (zumindest GS) feststellbar.

4. Zusammenfassung beider Untersuchungen in neun Hypothesen

1. Grundschullehrkräfte sind noch zu wenig in unterrichtsbezogenen Theorien ausgebildet.
2. Es fehlen in weiten Teilen die wissenschaftlichen Voraussetzungen, die zum Vermitteln der Kulturtechniken notwendig sind (Fachdidaktik).
3. Ein wesentliches Defizit besteht in der Kenntnis geeigneter Lernhilfen für Lernschwierigkeiten.
4. Grundschullehrkräfte beherrschen nur selten Differenzierungsmethoden im Unterricht.
5. Eine unzureichende Ausbildung vernachlässigt noch immer Kompetenzen in der Organisation offener, selbstbestimmter Lernformen.
6. Die sozialen und erzieherischen Orientierungen der Lehrkräfte erwachsen hauptsächlich aus der Einstellungspalette des sozialen Milieus (evtl. auch geschlechtsspezifisch). Diese werden in der Ausbildung eher noch verstärkt.
7. Die sozialen, fachlichen und didaktischen Kompetenzen reichen kaum aus, Heterogenität in den Voraussetzungen aufzuheben.
8. Die Kulturtechniken werden eher prozess- als verständnisorientiert vermittelt, damit entfallen spätere Kumulanz- und Transfermöglichkeiten.

9. Aus den konstatierten Defiziten sind curriculare Veränderungen zu entwickeln, die auf Grundlage konsistenterer Theorie- und Empiriebezüge Standards für Kompetenzen beschreiben; diese sind durch Begleitforschung abzusichern und fortzuentwickeln.

Abschließend wäre festzuhalten, dass wir noch weit davon entfernt sind, Schülerergebnisse bei Leistungstests empirisch mit der Qualität der Lehrerbildung in Beziehung zu setzen.

Literatur

Bos, W./Lankes, E.-M./Prenzel, M./Schwippert, K./Walther, G./Valtin, R.(Hrsg.) (2003): Erste Ergebnisse aus IGLU. Schülerleistungen am Ende der vierten Jahrgangsstufe im internationalen Vergleich. Münster.
Ditton, H. (2000): Qualitätskontrolle und Qualitätssicherung in Schule und Unterricht. In: Z.f.Päd., 41. Beiheft, 73-93.
Lehmann, R.H./Gänsfuß, R./Peek, R. (1999): Ergebnisse der Erhebung von Aspekten der Lernausgangslage und der Lernentwicklung von Schülerinnen und Schülern an Hamburger Schulen – Klassenstufe 7. Bericht über die Untersuchung von September 1998. Hamburg.
Nölle, K. (2002): Probleme der Form des Erwerbs unterrichtsrelevanten pädagogischen Wissens. In: Z.f.Päd., Heft 1, 48-67.
Neumann, D. (1988): Gedanken über den Tod eines „geborenen Erziehers". In: Neue Sammlung, Heft 2, 139-155.
Oser, F. (1997): Standards in der Lehrerbildung. Teil I: Berufliche Kompetenzen, die hohen Qualitätsmerkmalen entsprechen. In: Beiträge zur Lehrerbildung 15, 26-37.
Oser, F. (2001): Standards: Kompetenzen von Lehrpersonen. In: F. Oser, J. Oelkers (Hrsg.): Die Wirksamkeit der Lehrerbildungssysteme. Zürich.
Oser, F./Oelkers, J. (Hrsg.) (2001): Die Wirksamkeit der Lehrerbildungssysteme. Zürich.
Schumacher, E. (2000): „Soziale Ungleichheit" und soziale Differenzen im allgemeinbildenden Schulwesen. Unveröff. Habilsch. Univ./Päd. Hochsch. Freiburg.
Seyd, Ch. (2003): Empirische Analysen zum Kenntnisniveau von Mathematiklehrern der Grundschule über einen verständnisorientierten Mathematikunterricht sowie über die Möglichkeiten und Schwierigkeiten der Umsetzung eines verständnisorientierten Unterrichts in der Grundschule. Dissertationsprojekt Universität Lüneburg.
Spranger, E. (1970): Gedanken über Lehrerbildung. In: ders.: Gesammelte Schriften. Bd. III. Heidelberg, 27-73.
Terhart, E. (Hrsg.) (2000): Perspektiven der Lehrerbildung in Deutschland. Abschlussbericht der von der Kultusministerkonferenz eingesetzten Kommission. Weinheim, Basel.
Terhart, E. (2000): Qualität und Qualitätssicherung im Schulsystem. In: Z.f.Päd., 46. Jg., Heft 6, 809-829.
Weinert, F.E., Helmke, A. (Hrsg.) (1997): Entwicklung im Grundschulalter. Weinheim.

Hans Merkens

IGLU und die Folgen – Quo vadis Lehrerbildung für das Lehramt an Grundschulen?

Wer den Beiträgen und Zusammenfassungen von Diskussionen in diesem Band aufmerksam gefolgt ist, kann der allgemeinen Antwort auf die im Untertitel gestellte Frage nicht widersprechen: Es besteht – entgegen einiger relativierender Äußerungen in verschiedenen Beiträgen – ein hoher Änderungsbedarf in der Grundschullehrerbildung. Das ist angesichts der Ergebnisse von IGLU auf den ersten Blick eine Antwort, die Widerspruch hervorrufen kann, weil diese Ergebnisse doch so zufriedenstellend zu sein scheinen. Entgegen PISA schneiden die deutschen Kinder im OECD-Vergleich nicht unterdurchschnittlich ab, und es wird allenthalben betont, dass jedenfalls die Grundschule in Deutschland ihre Aufgaben bzw. die in sie gesetzten Erwartungen erfülle. Trotz dieser Bilanz ist aber in einzelnen Beiträgen und in den Diskussionen mehrfach ein Veränderungsbedarf angemahnt worden. Dieser resultiert vielleicht auch daher, dass die bei IGLU und PISA erfolgreichen Länder andere Wege beim Unterricht der Kinder in der Primar- und Sekundarstufe einschlagen.

Unbestritten ist, dass das Interesse am naturwissenschaftlichen Unterricht bei den Kindern in der Primar- und Sekundarstufe signifikant gesteigert werden muss. Das ist eine Anforderung, die jenseits der Ergebnisse bei den Leistungstests hervorsticht. Ebenso unstrittig ist, dass bereits in der Grundschule Kinder mit einem sozialen Hintergrund, der nicht bildungsförderlich ist, benachteiligt werden. Von denjenigen, die die Ergebnisse für zufriedenstellend halten, wird nur selten darauf verwiesen, dass die Stichproben bei IGLU und PISA systematisch anders gezogen wurden: Während es sich bei PISA um eine Stichprobe handelt, die auf der Grundlage des Alters der Jugendlichen gezogen wurde, ist bei IGLU die Klassenstufe die Grundlage für die Ziehung der Stichprobe. Der Nachteil einer späten Einschulung kann also bei PISA durchschlagen, während dieser Nachteil bei IGLU ein Vorteil sein kann.

Jenseits solcher Details und der Tatsache, dass man aus einer Querschnittsstudie keine kausalen Begründungen für mögliche Wirkungen ableiten kann, weshalb das Thema „IGLU und die Folgen" eine Irreführung darstellen könnte, gibt es dennoch einige Aspekte, die man aus den Ergebnissen von IGLU gewinnen kann, wenn über die Bildung für das Lehramt an Grundschulen – bezüglich möglicher Neuerungen oder Bestätigungen der bisherigen Ausbildung – nachgedacht wird. Diese Aspekte beziehen sich zunächst auf den Forschungsbedarf, der sich auf den ersten Blick aus den Resultaten ergibt:

- Auch bei IGLU ist eines der herausstechenden Ergebnisse, dass Kinder mit Migrationshintergrund systematisch schlechter abschneiden als die Kinder der autochthonen deutschen Bevölkerung. Daraus resultieren unschwer mehrere Fragestellungen, die bisher häufig mit dem Verweis auf bestimmte, die eigenen Aussagen belegende Untersuchungen vielleicht vorschnell schon beantwortet worden sind, die aber erst in Längsschnittuntersuchungen geprüft werden müssten, bevor eine bestimmte Antwort als angemessen hingenommen oder verworfen werden könnte. Untersuchungen diesen Typs fehlen bisher nicht nur für die benannte Zielgruppe, sondern für die Grundschule generell. Es handelt sich dabei um einen ergebnisoffenen Typ von Untersuchungen, der in der Vergangenheit zu selten praktiziert wurde.
- Auch bei IGLU gibt es einen starken Zusammenhang zwischen dem Sozialstatus der Eltern und der Leistung der Kinder in der Grundschule. Dieser Zusammenhang ist zwar nicht so dominant, wie er bei PISA war, er bleibt dennoch besorgniserregend, weil die Schule einer der Aufgaben, deren Erfüllung man von ihr erwartet, nicht in dem Maße nachkommt, wie das wünschenswert ist: Kindern unterschiedlicher sozialer Herkunft, gleiche Bildungschancen zu eröffnen. Es scheint so, als würde diese Herausforderung in Schweden besser bewältigt, als das in Deutschland der Fall ist. Dabei wird gern übersehen, dass in den skandinavischen Ländern Zwergschulen häufig vorkommen. Das ist eine Schulform, die in Deutschland eher abgelehnt wird.
- Die Schule in Deutschland ist in ihren Unterrichtsformen eher lehrwegsorientiert. Das methodische Konzept eines – durch die jeweilige Lehrkraft bestimmten – Unterrichtsprozesses kennzeichnet den jeweiligen Unterricht. Im Unterschied dazu scheint in Skandinavien eine lernwegsorientierte Vorgehensweise vorzuherrschen, d.h. die individuellen Bedürfnisse der Kinder nach Unterstützung und Anregung bestimmen das Geschehen im Unterricht der Grundschule. Während in Deutschland eher ein Angebot in der Grundschule dominiert, welches im Prinzip eine homogene Gruppe von Kindern als Adressaten voraussetzt, wird in Skandinavien mehr auf Differenzen zwischen den Kindern und eine angemessene Flexibilisierung der Angebote geachtet. Eine Umstellung der Vorgehensweise, die für Deutschland naheliegt, setzt eine entsprechende Weiterbildung der Lehrkräfte, Veränderungen in der Erstausbildung und vor allem eine Praxis voraus, die vom individuellen Lernbedarf der Kinder ausgeht. Für die Forschung resultiert hieraus, dass verstärkt versucht werden muss, die Grundlagen einer pädagogischen Diagnostik zu legen. Es ist ein großes Manko, dass hierzu bisher wenige Vorarbeiten vorliegen.

- Der Ausgangspunkt „individueller Lernbedarf" setzt in Differenz zu der Orientierung an homogenen Gruppen die Fähigkeit voraus, den Unterricht flexibel zu managen. Prinzipien, wie sie im Projektunterricht üblich sind und auch im Gruppenunterricht realisiert werden, müssten die Praxis des ‚normalen' Unterrichts bestimmen. Auch in diesem Sektor besteht Forschungsbedarf, weil bisher nicht hinlänglich untersucht worden ist, wie sich Unterrichtsprozesse in der Grundschule unter der Bedingung von Heterogenität optimieren lassen.
- Für den naturwissenschaftlichen Unterricht in der Grundschule gibt es zwar Ansätze zur Forschung mit dem Ziel, Konzepte zu entwickeln, die dem Verständnisniveau der Kinder entsprechen und einerseits späteres Lernen in den Naturwissenschaften fördern sowie andererseits das Interesse für die Naturwissenschaften stärken. Aber auch in diesem Bereich stehen wir praktisch noch am Anfang.

Alle Forderungen, die hier benannt worden sind und sich mit den Ergebnissen von IGLU in Beziehung setzen lassen, müssen, lässt sich resümierend feststellen, so plausibel sie auch erscheinen mögen, in Untersuchungen noch geprüft werden, ob sie tatsächlich Faktoren erfassen, die die Qualität des Unterrichts in Grundschulen signifikant beeinflussen.

Wenn man ein bestimmendes Credo der Aspekte zu identifizieren versucht, welche ich vorangehend aufgezählt habe, und die sich aus IGLU noch ergänzen ließen, wie die Beiträge dieses Bandes hinlänglich belegen, dann stellt sich heraus, dass der Forschungsbedarf bezüglich des Grundschulunterrichts als groß angesehen werden muss. Das kann man auch als ein gemeinsames Merkmal der Beiträge ansehen, die in diesem Band vorgestellt werden: Es mangelt bisher noch in vielen Bereichen an einer qualifizierten Forschung des Grundschulunterrichts. Damit soll keineswegs behauptet werden, die Forschung sei in diesem Bildungssektor schwächer vertreten als in anderen. Es wird nur darauf verwiesen, dass noch mehr Fragen unbeantwortet sind, als wir schon beantworten können.

Neben diesem – eher die universitäre und außeruniversitäre Forschung betreffend – Aspekt ist ein anderer ebenso von Bedeutung, wenn man die Beiträge des Bandes bilanziert: Lehrkräfte, auch in Grundschulen, müssen dafür qualifiziert werden, ihr eigenes Handeln in Bezug auf Wirkungen, die Erfordernis von Korrekturen etc. zu bewerten und daraus ihre Schlüsse zu ziehen. D.h. die Lehrkräfte müssen es systematisch lernen, sich selbst zu beobachten und auf der Basis dieser Beobachtungen mögliche Korrekturen ihres Handelns vorzunehmen. Es geht in Differenz zu anderen Professionen nicht nur darum, situationsadäquat zu handeln, sondern es wir erwartet, dass Funktionen, die in anderen Kontexten getrennt voneinander sind, nunmehr einerseits in einer Person zusammenzuführen und daraus auch Handlungskonsequenzen zu entwickeln, die geeignet sind, die Lernprozesse der Kinder entscheidend zu fördern. Letzten Endes müssen auch schon die Lehrkräfte in der Grundschule ein Bewusstsein dafür haben, dass eine der wichtigsten Herausforderungen für Schule und Unterricht darin besteht, dass Kinder bessere Chancen haben, dass bei ihnen individuelles Lernen stattfindet. Das setzt eine Veränderung des Handelns in den Kontexten voraus, die sich dahin gehend kennzeichnen lässt, dass nicht mehr mit Druck operiert werden muss, sondern dass die Attraktivität der Lernangebote anregt und die Kinder erkennen, dass Lernen für sie eine interessante Aktivität darstellt.

Wenn die Grundschule möglichst schnell auf die neuen Herausforderungen reagieren soll, dann bedarf es neben dem Ausbau der Grundschule und der Umsetzung dort erzielter Ergebnisse in die Grundschullehrerbildung auch einer Weiterbildung der Grundschullehrer, die systematisch bei der Vermittlung und Umsetzung neuer Ergebnisse in die Praxis ansetzt. Mit der Einführung von Standard- und Vergleichsarbeiten schon in der Grundschule werden zudem für die Lehrkräfte neue Anforderungen gestellt werden. Auf der einen Seite soll die Autonomie und die Eigenverantwortung des Handelns sowohl bei den Lehrkräften als auch für die einzelne Grundschule gestärkt werden, auf der anderen Seite werden sich Schulen und Lehrkräfte Vergleichsuntersuchungen stellen müssen, die auf den ersten Blick Normierungen des Unterrichtsprozesses zu befördern scheinen. Mit dieser Spannung vernünftig umzugehen bedeutet eine der neuen Herausforderungen auch für die Grundschule.

Verzeichnis der Autoren
(in der Reihenfolge der Beiträge)

Prof. Dr. Hans Merkens
Vorsitzender der DGfE
Freie Universität Berlin
Arbeitsbereich Empirische Erziehungswissenschaft
Fabeckstr. 13
14195 Berlin

Prof. Dr. Renate Valtin
Humboldt-Universität zu Berlin
Institut für Erziehungswissenschaften
Abt. Grundschupädagogik
Geschwister-Scholl-Str. 7
10099 Berlin

Prof. Dr. Wilfried Bos
Universität Hamburg
Fachbereich Erziehungswissenschaft
Institut für International und Interkulturell Vergleichende Erziehungswiss.
Von Melle Park 8
Sitz: Sedanstr. 19
20146 Hamburg

Prof. Dr. Manfred Prenzel
Christian-Albrechts-Universität zu Kiel
Leibniz-Institut für die Pädagogik der Naturwissenschaften (IPN)
Olshausenstr. 62
24098 Kiel

Prof. Dr. Marianne Krüger-Potratz
Westfälische Wilhelms-Universität Münster
Institut für Allgemeine Erziehungswissenschaft
Georgskommende 33
48143 Münster

Prof. Dr. Friederike Heinzel
Universität Kassel
Fachbereich 1, Erziehungswissenschaft/Humanwissenschaften
Nora-Platiel-Str. 1
34109 Kassel

Prof. Dr. Kornelia Möller
Westfälische Wilhelms-Universität Münster
Seminar für Didaktik des Sachunterrichts
Leonardo-Campus 11
48149 Münster

Prof. Dr. Joachim Kahlert
Ludwig-Maximilians-Universität München
Institut für Schulpädagogik und Grundschuldidaktik
Leopoldstr. 13
80802 München

Prof. Dr. Maria Fölling-Albers
Universität Regensburg
Institut für Pädagogik
Postfach 101042
93040 Regensburg

Prof. Dr. Ursula Neumann
Universität Hamburg
Fachbereich Erziehungswissenschaft
Institut für International und Interkulturell Vergleichende Erziehungswiss.
Von Melle Park 8
Sitz: Binderstr. 22
20146 Hamburg

Prof. Dr. Kurt Czerwenka/Dr. Karin Nölle
Universität Lüneburg
Fachbereich I Erziehungswissenschaften
Institut für Pädagogik
Scharnhorststr. 1
21335 Lüneburg